Gestão da sustentabilidade nas organizações

um novo agir frente à lógica das competências

Dados Internacionais de Catalogação na Publicação (CIP)
(Câmara Brasileira do Livro, SP, Brasil)

Munck, Luciano
  Gestão da sustentabilidade nas organizações:
um novo agir frente à lógica das competências/Luciano
Munck.-- São Paulo: Cengage Learning,2013.

  Bibliografia
  ISBN 978-85-221-1506-8

  1. Administração de empresas 2. Competências
3. Desempenho 4. Desenvolvimento sustentável
5. Gestão ambiental 6. Organizações - Aspectos
ambientais 7. Sustentabilidade I. Título.

13-06935   CDD-658.421

Índices para catálogo sistemático:

  1. Sustentabilidade nas organizações:
Administração de empresas 658.421

Gestão da sustentabilidade nas organizações

um novo agir frente à lógica das competências

Luciano Munck

Austrália • Brasil • Japão • Coreia • México • Cingapura • Espanha • Reino Unido • Estados Unidos

Gestão da sustentabilidade nas organizações: um novo agir frente à lógica das competências
Luciano Munck

Gerente editorial: Patricia La Rosa

Supervisora editorial: Noelma Brocanelli

Supervisora de produção gráfica: Fabiana Alencar Albuquerque

Editora de desenvolvimento: Viviane Akemi Uemura

Copidesque: Maria Dolores D. Sierra Mata

Revisão: Olivia Yumi Duarte e Raquel Benchimol Rosenthal

Pesquisa iconográfica: Renata Camargo

Analista de conteúdo e pesquisa: Javier Muniain e Milene Uara

Editora de direitos de aquisição e iconografia: Vivian Rosa

Diagramação: Alfredo Carracedo Castillo

Capa: Sérgio Bergocce

Imagem da capa: Sergey Nivens/Shutterstock

Imagem p. 6, 18 e 68: Natykach Nataliia/Shutterstock

© 2014 Cengage Learning Edições Ltda.

Todos os direitos reservados. Nenhuma parte deste livro poderá ser reproduzida, sejam quais forem os meios empregados, sem a permissão, por escrito, da Editora. Aos infratores aplicam-se as sanções previstas nos artigos 102, 104, 106 e 107 da Lei nº 9.610, de 19 de fevereiro de 1998.

Esta Editora empenhou-se em contatar os responsáveis pelos direitos autorais de todas as imagens e de outros materiais utilizados neste livro. Se porventura for constatada a omissão involuntária na identificação de algum deles, dispomo-nos a efetuar, futuramente, os possíveis acertos.

> Para informações sobre nossos produtos, entre em contato pelo telefone
> **0800 11 19 39**
> Para permissão de uso de material desta obra, envie seu pedido para
> **direitosautorais@cengage.com**

© 2014 Cengage Learning.
Todos os direitos reservados.
ISBN-13: 978-85-221-1506-8
ISBN-10: 85-221-1506-0

Cengage Learning
Condomínio E-Business Park
Rua Werner Siemens, 111 – Prédio 20
Espaço 04 – Lapa de Baixo
CEP 05069-900 – São Paulo – SP
Tel.: (11) 3665-9900 – Fax: (11) 3665-9901
SAC: 0800 11 19 39

Para suas soluções de curso e aprendizado, visite **www.cengage.com.br**

Impresso no Brasil.
Printed in Brazil.
1 2 3   15 14 13

Sumário

Sobre o autor   vii
Introdução   ix

1 DESENVOLVIMENTO SUSTENTÁVEL E SUSTENTABILIDADE   1

2 SUSTENTABILIDADE NAS ORGANIZAÇÕES: PARADIGMAS NORTEADORES   7

Perspectivas paradigmáticas da sustentabilidade nas organizações   7

3 DESAFIOS PARA A AVALIAÇÃO DA SUSTENTABILIDADE NAS ORGANIZAÇÕES   19

4 SUSTENTABILIDADE NAS ORGANIZAÇÕES: BASES CONCEITUAIS E MODELOS DE GESTÃO   27

Bases conceituais   28
Modelos para implantação da sustentabilidade nas organizações   38
    Sistema de Gestão da Sustentabilidade Corporativa – SGSO   39
    Rede Corporativa Sustentável Local (RCSL)   41
    Balanced Scorecard Hexagonal – BSH – Framework representativo de uma abordagem conceitual integrada para a SO   43
    Síntese Socioeconômica – SSE   46
    Framework representativo do acontecimento da SO – FRASOR   48
    Análise comparativa entre os modelos apresentados   49

5 A TEORIA DO AGIR ORGANIZACIONAL E A LÓGICA DAS COMPETÊNCIAS 55

O agir organizacional 55
As competências 61

6 CONSTRUINDO UM MODELO PARA A GESTÃO DA SUSTENTABILIDADE NAS ORGANIZAÇÕES 69

Considerações iniciais 69
    Preceitos teóricos e bases de sustentação 71
Elaborando o modelo 75
Medindo e avaliando 78
    Considerações sobre o modelo proposto 87

7 CONSIDERAÇÕES FINAIS 89

R REFERÊNCIAS BIBLIOGRÁFICAS 95

A CATEGORIAS PARA DEFINIÇÕES DE COMPETÊNCIAS PARA MEDIÇÃO DA SUSTENTABILIDADE ORGANIZACIONAL 103

Sobre o autor

Doutor em Administração pela Universidade de São Paulo (USP), atualmente é professor associado da Universidade Estadual de Londrina (UEL/PR). Tem experiência na área de Administração com ênfase nas inter-relações das temáticas Gestão, Competências e Sustentabilidade; coordena o MBA em Gestão de Pessoas; é líder do Grupo de Pesquisa Competências, Gestão e Sustentabilidade vinculado ao Departamento de Administração da UEL.

Desenvolve estudos e pesquisas envolvendo alinhamento estratégico, gestão da sustentabilidade nas organizações, aprendizagem e gestão por competências. Pesquisador do Programa de Pós-Graduação em Administração (PPGA-UEL), também atua em pesquisas com publicações em periódicos e eventos científicos, e consultorias e treinamentos na área de gestão por competências. Bolsista Produtividade da Fundação Araucária, realiza estágio pós-doutoral na Escola de Negócios – Ivey Business School, da University of Western Ontário (UWO-CA), e em dois órgãos a ela vinculados, a Network for Business Sustainability e o Building Sustainable Value Research Centre.

Introdução

Uma análise crítica da literatura sobre desenvolvimento sustentável, sustentabilidade e sustentabilidade organizacional (SO), revela a falta de um quadro teórico global e consolidado para a compreensão teórico-aplicada desses conceitos e de suas especificidades. Uma análise criteriosa mostra que as definições envoltas aos termos são vagas e discordantes em aspectos éticos, ideológicos e práticos, além de carentes de uma base conceitual comum e unificadora. Há dúvidas até mesmo sobre o que deve ser sustentado, em que tempo e com que interesses. Outra lacuna encontrada reside na propositura de caminhos para se chegar ao desenvolvimento sustentável ou à SO. De forma geral, estão presentes na literatura as exigências, os indicadores, os efeitos, a história e a crítica. Contudo, é evidente que isso é insuficiente quando está em pauta a seguinte questão: como articular esses conceitos sistemicamente para que se tornem parte efetiva das ações e decisões organizacionais?

Na tentativa de suprir parte dessa lacuna e apresentar uma resposta para a questão, este livro almeja encontrar as bases que permitam sugerir um caminho para tal, inicialmente no contexto organizacional. Desse modo, utilizou-se da análise conceitual sugerida por Jabareen (2009), que envolve revisões na literatura em busca de padrões e semelhanças que formem uma estrutura conceitual. Segundo o autor, uma estrutura conceitual (também entendida como *framework*) é uma rede descritora e interlocutora de conceitos que provê a compreensão e o entendimento de um fenômeno, que envolve:

- uma construção, na qual cada conceito tem seu papel;
- uma alternativa de abordagem interpretativa da realidade social; portanto, preocupa-se com a compreensão e o entendimento de conceitos, e não somente com uma determinação causal/analítica;
- uma alternativa para análise, não uma natureza determinística que permite prever resultados;

- um arcabouço de dados advindos de várias outras teorias que passam, então, a ser dados empíricos.

Com base nessa análise, foram sintetizadas diferentes proposições acerca da sustentabilidade e seus respectivos conceitos, o que permitiu identificar ideias distintas sobre o tema e circunscrever as referências mais adequadas para atender às pretensões da presente proposta de pesquisa.

Meadows, Meadows e Randers (1992) definem a sustentabilidade como uma estratégia de desenvolvimento que resulta na melhoria de qualidade da vida humana e na minimização simultânea dos impactos ambientais negativos. Nesse sentido, sugerem a gestão integrada, que representa a visão conexa e holística dos aspectos do desenvolvimento social, crescimento econômico e proteção ambiental para atingir a integridade ecológica. Inicia-se aqui a proposta de essencialidade da integração das preocupações ambientais, sociais e econômicas às estratégias de gestão.

Epstein (2008) destaca que as constantes incertezas sobre o quanto a sustentabilidade é necessária, o quanto ela custa e, também, quanto ao horizonte de tempo necessário para medir seus benefícios tornam difícil implantá-la da mesma forma que outras iniciativas estratégicas. Para integrar informações sobre os impactos do social e do ambiental em decisões do dia a dia da gestão, as empresas têm de encontrar meios de amarrar a medição e a comunicação desses impactos em processos de decisão. Além disso, devem medir e reportar esses impactos em termos financeiros para depois integrá-los nos tradicionais modelos de análise de investimentos.

Todavia, muitas empresas ainda não desenvolveram qualquer estratégia de sustentabilidade coerente ou mesmo qualquer forma sistemática de pensar ou gerir seus impactos provocados pela consagrada e insana busca pela sustentabilidade econômica. Impactos estes que, se comparados às perdas sociais e ambientais, manchariam facilmente a reputação de muitas organizações. Até mesmo de algumas tidas como sustentáveis. No entanto, algumas delas, ao reconhecerem os efeitos sociais e ambientais de suas iniciativas econômicas, buscam meios capazes de declarar suas ações voltadas aos preceitos orientadores da sustentabilidade, e, com isso, avançam na definição de políticas para o enfrentamento dos problemas mais comuns. No mundo, das duas mil empresas que realizam os relatórios de sustentabilidade no modelo do GRI (*Global Reporting Initiative*), 135 são brasileiras. Das empresas (72) associadas ao Conselho Empresarial Brasileiro para o Desenvolvimento Sustentável (CEBDS), 46% realizam os relatórios nos padrões do GRI.

Porém, uma análise mais profunda sobre os relatórios de sustentabilidade permite concluir que a maior parte dessas empresas tem desenvolvido, parcialmente, seus sistemas de gestão para lidar com os problemas sociais e ambientais. A partir daí, podem estar apenas transferindo tecnologias tradicionais de gestão para a implantação da sustentabilidade empresarial. Ou seja, fazem uso de iniciativas pontuais como melhorias na contabilidade de custos, nos orçamentos, nas medições de desempenho de capital considerando o meio ambiente e as avaliações do *design* e do ciclo de vida do produto. Mas isso não é suficiente para o desenvolvimento de um programa integrado que seja capaz de, consistentemente, inserir e reinserir a sustentabilidade nos processos decisórios estratégicos, táticos e operacionais.

Observando dados divulgados pelo CEBDS, percebe-se que algumas poucas empresas têm desenvolvido sistemas eficazes, mas ainda reativos, para abordar e relatar suas ações diante das questões socioambientais; dessas já poucas, um pequeno número tem agido na busca pela proatividade frente aos desafios postos pelo novo modelo de desenvolvimento chamado sustentável.

Por outro lado, as empresas consideradas líderes no trabalho com as questões ambientais não subestimaram o potencial de transformar a sustentabilidade em uma vantagem competitiva. Patrick Cescau, executivo da Unilever, disse em 2007 no Indevor Alumni Forum: Integrating CSR into Business Strategy – promovido pelo Insead – Campus Fontainebleau, França:

> Nós chegamos a um ponto, no qual cumprir a agenda de responsabilidade corporativa e sustentabilidade não é apenas central à estratégia dos negócios, mas é cada vez mais um fator crítico de crescimento. O quanto e quão mais rapidamente as empresas responderem eficazmente a esta agenda é que determinará a diferença entre empresas bem-sucedidas e as que falharão nas próximas décadas. É difícil, por exemplo, imaginar um problema como a mudança climática ser abordado sem a participação ativa da Shell, BP Fuel e Toyota. Da mesma forma, é difícil ver um problema sobre a desnutrição ser combatido eficazmente sem o envolvimento das empresas de alimentos mais importantes do mundo. Embora lento, é seguro que tanto governos quanto ONGs estão aceitando que as empresas têm um papel a desempenhar na agenda de desenvolvimento e que elas podem ser confiáveis.

Percebe-se que a natureza do conceito de desenvolvimento sustentável demanda operacionalização e contextualização e, nesse sentido, reforça-se que o setor privado tem um papel fundamental em prover recursos financeiros e humanos, infraestrutura e inovação tecnológica, bem como a boa governança. De qualquer maneira, ainda não é lugar-comum a compreensão de que as organizações privadas possuem papel imprescindível para o alcance do desenvolvimento sustentável. Embora seja notável sua capacidade de causar amplos impactos na sociedade contemporânea nacional e internacional, bem como constituírem, simultaneamente, o principal "consumidor" dos recursos ambientais e o principal gerador de capital econômico (Barkemeyer, 2011; Wheeler et al., 2005).

Bazerman e Hoffman (1999) elencam quatro motivos que justificam o papel central das organizações privadas nos esforços para conquistar a sustentabilidade:

- Como categoria de excelência na busca por inovações tecnológicas, as empresas possuem melhores recursos para compreender o desenvolvimento econômico e seus respectivos *trade-offs* técnicos envolvidos.
- As empresas devem estar envolvidas nas decisões políticas e regulamentares do governo, pois muitas agências não têm o conhecimento ou os recursos para desenvolver as melhores soluções.
- As empresas como estruturas integradoras do social, industrial e mercadológico acumulam poder, recursos e conhecimentos sistêmicos para influenciar não só aspectos econômicos, mas também os sociais e os ambientais. Além disso, agregam condições políticas para o desenvolvimento de soluções eficazes nesses domínios.
- As empresas podem se beneficiar com a criação de inovações que satisfaçam as preferências da sociedade em relação a produtos e serviços que resolvam problemas sociais e ambientais.

Dentro desse contexto, o termo "sustentabilidade" torna-se uma discussão quase diária na comunidade empresarial, nas agências e departamentos governamentais, nas organizações não governamentais, bem como no meio acadêmico e na mídia. O maior interesse demonstrado por este tópico, por parte das empresas, pode estar ligado à maior intervenção do governo sobre os impactos ambientais e sociais das empresas e, além disso, ao comércio global que tem elevado os níveis dos critérios de preservação. Ao considerar a importância das organizações em âmbito mundial, aliada a pressões exercidas por uma série de partes interessadas, incluindo clientes, comunidades, funcionários, governos e acionistas, os líderes de negócios em todo o mundo, particularmente em países desenvolvidos, estão promovendo iniciativas e práticas de sustentabilidade em suas empresas, pois perceberam a importância dessa plataforma para a sobrevivência de suas empresas em face da complexa concorrência mundial (Eweje, 2011).

Van Kleff e Roome (2007) apontam o que seria determinante para alcançar êxito no trato com a sustentabilidade corporativa:

- colaboração em redes de relacionamento e alianças entre empresas, cidadãos, governos e ONGs;
- inovação – capaz de promover melhorias na eficiência e eficácia dos sistemas de produção e de consumo.

Na visão dos autores, a inovação ocorre de diversas formas: incremental, radical, tecnológica, de processos, de produtos, organizacional, operacional, gerencial, social e institucional. Nesse sentido, evidencia-se a importância das alianças e ambientes colaborativos para se entender o processo de inovação e os fatores que nele interferem, enfim, para poder entender melhor os sistemas de inovação pertinentes à sustentabilidade. Os dois conceitos parecem contraditórios, pois inovar pode significar degradar o meio ambiente e a vida social, contudo, uma inovação sustentável seria a que introduz novidades que atendam às múltiplas dimensões da sustentabilidade e promovam resultados positivos para a empresa, para a sociedade e para o meio ambiente.

Nesse contexto, não bastaria inovar constantemente, mas inovar considerando as três dimensões da sustentabilidade: *a social* – que envolve a preocupação com os impactos sociais das inovações nas comunidades humanas dentro e fora da organização (desemprego; exclusão social; pobreza; diversidade organizacional); *a ambiental* – que se preocupa com os impactos ambientais gerados pelo uso de recursos naturais e pelas emissões de poluentes; e *a econômica* – que envolve a obtenção de lucro e a geração de vantagens competitivas. O atendimento a essas dimensões torna o processo de inovação mais sofisticado e exigente, o que requer da organização maior esforço para atender tecnicamente a esse requisito, o que leva a novas perspectivas de gestão.

Por estar alinhada com o reconhecimento da relevância de estudos sobre a inserção das premissas da sustentabilidade na gestão das organizações e, além disso, considerar que esses estudos envolvem inovação organizacional, operacional, gerencial, social e institucional, este livro tem por objetivo apresentar o estado da arte sobre o assunto "SO", bem como ousar em inovar e apresentar um modelo para sua implantação e mensuração.

A partir da constatação de que a temática "sustentabilidade nas organizações" representa um campo em aberto para estudos, pesquisas, descobertas, práticas e com explícita necessidade de consolidação, serão apresentados e desenvolvidos os seguintes tópicos: desenvolvimento sustentável e sustentabilidade; paradigmas e modelos conceituais da SO; modelos de operacionalização da sustentabilidade nas organizações; proposição de um modelo de gestão da sustentabilidade nas organizações; desafios e oportunidades para a gestão da sustentabilidade e considerações finais.

CAPÍTULO 1
Desenvolvimento sustentável e sustentabilidade

Embora as primeiras manifestações inerentes à relação entre empresas, meio ambiente e sociedade tenham ocorrido, com mais veemência, já na década de 1960, com a publicação do livro *Silent Spring*, de Rachael Carson, que explorou os problemas ambientais causados pelo uso desregrado dos pesticidas sintéticos e, posteriormente, com o relatório *Limits to growth*, do Clube de Roma, em 1972 (Meadows et al., 1972), considera-se aqui que o tema "Desenvolvimento Sustentável" (DS) foi devidamente inserido nos círculos acadêmicos, políticos, sociais e econômicos mundiais pelos trabalhos da Comissão de Brundtland e seu respectivo relatório *Our Common Future*, em 1987 (WCED, 1991[1987]). Nesse relatório, um novo parâmetro para o desenvolvimento foi instaurado, pois agora ele deve satisfazer as necessidades da geração atual, sem comprometer a capacidade das gerações futuras de satisfazer suas próprias necessidades. Foi também a primeira iniciativa global que considerou os aspectos ambientais do desenvolvimento por uma perspectiva econômica, social e política.

Mas é fato que a expressão "desenvolvimento sustentável" tem sido usada em uma variedade de formas, seja no contexto acadêmico, de políticas, de planejamento de negócios ou mesmo na gestão ambiental. Mesmo depois de mais de duas décadas da divulgação do relatório de Brundtland, é possível inferir que ainda há confusões consideráveis e confrontações nas diversas correntes de pensamento que permeiam a ideia de DS, algumas chegando ao ponto, ainda que inconscientemente, de ser mutuamente excludentes. Porém, como muitos outros conceitos, a definição de DS apresentada pelo relatório de Brundtland e aceita pela maioria dos estudiosos sobre o tema também é alvo de constantes críticas em função da dificuldade de delimitação ou caracterização das necessidades a serem atendidas. De maneira geral, a definição em questão é considerada simplista e até enganosa, pois obscurece complexidades e contradições subjacentes ao termo (Baroni, 1992; Redclift, 2006; Lima, 2003; Fernandes, 2003; Banerjee, 2003; Castro, 2004).

De modo mais pontual, Redclift (2006) argumenta que, como o tema DS teve por algum tempo uma propriedade de diferentes discursos, pode-se considerar que passou a configurar um oximoro, ou seja, uma figura de linguagem que harmoniza dois conceitos opostos em uma só expressão, formando, assim, um terceiro conceito, que dependerá da interpretação do leitor. Tal situação acabou por gerar uma série de interpretações discursivas do peso fixado a ambos os termos "desenvolvimento" e "sustentável". Outra crítica comum, exposta por Baroni (1992), é a de que muitos autores que se propõem a definir desenvolvimento sustentável, no entanto, apresentam propostas genéricas e setoriais em excesso.

Contudo, apesar de todas as críticas, o relatório de Brundtland continua a ser apresentado por vários autores (Hoff, 2008; Montibeller-Filho, 2007; Jacobi, 2005; Van Bellen, 2004; Siena, 2008; Munck; Souza, 2009) como documento oficial mais aceito na comunidade científica. Para Jacobi (2005, p. 7), esse relatório "caracteriza-se por seu acentuado grau de realismo, o que o situa como um documento que, ao apresentar uma definição oficial do conceito de desenvolvimento sustentável, o faz de forma muito estratégica buscando um tom conciliatório". Desse modo, por ser o conceito de DS mais disseminado, o relatório de Brundtland passa a ser o *mainstream* da literatura recente que busca caminhos, sejam eles teóricos ou práticos, para que o desenvolvimento sustentável ocorra tanto em âmbito organizacional quanto global.

Utilizando ou não o conceito do relatório de Brundtland como base, observa-se na literatura a possibilidade de identificar dois grupos de informação e análise no que tange à definição conceitual e aos objetivos do DS. Um primeiro grupo refere-se às conceituações de cientistas (das áreas biológicas e humanas), técnicos de governo e políticos. O segundo grupo concerne aos discursos dos organismos e das entidades internacionais de fomento na área de meio ambiente. Além dessas duas fontes, é preciso ressaltar que a emergência e gravidade dos problemas ambientais, a consequente mobilização e organização social e institucional em torno da problemática ambiental, bem como a intensificação e a preocupação crescentes com os efeitos globais dos riscos ambientais têm feito com que a expressão DS seja extremamente usada no Brasil (Baroni, 1992).

Destarte, outras definições de DS podem ser analisadas como importantes para o presente trabalho. Na visão de Ransburg e Vágási (2007), o DS é visto como uma complexidade de exigências sociais concebidas a fim de manter o desenvolvimento econômico ao longo de gerações, no intuito de promover o uso responsável e eficiente dos recursos naturais, proteção do meio ambiente e o progresso social baseado nos princípios dos direitos humanos. Na concepção de Jacobi (2005), o DS não se refere, especificamente, a um problema limitado de adequações ecológicas de um processo social, mas a uma estratégia ou modelo múltiplo para a sociedade, que deve considerar a viabilidade econômica, bem como a ambiental, considerando um desenvolvimento capaz de harmonizar objetivos sociais, ambientais e econômicos. Em um sentido abrangente, a noção de desenvolvimento sustentável remete à necessária redefinição das relações entre o ser humano e a natureza e, portanto, a uma mudança substancial do próprio processo civilizatório.

Assim como o DS, o conceito de sustentabilidade também é discutido em várias áreas. Originou-se com biólogos e ecologistas, que o usaram para descrever as taxas a que os recursos renováveis podem ser extraídos ou danificados pela poluição sem ameaçar a integridade dos ecossistemas subjacentes. Neste contexto entra a economia, na qual o foco foi a compreensão da relação entre capital natural e capital econômico, levando à fundação da "economia ecológica" – uma disciplina comprometida com a maior valorização do capital natural. O termo também tem sido usado por políticos e, mais recentemente, tem proliferado na literatura de negócios e gestão e, além disso, recentemente tem sido usado na engenharia (Vos, 2007).

Entretanto, DS e sustentabilidade apresentam certa diferenciação e não devem ser usados de forma equivalente, como acontece em alguns trabalhos. Para Souza (2010, p. 35), "enquanto a sustentabilidade refere-se à capacidade de manter algo em um estado contínuo, o desenvolvimento sustentável envolve processos integrativos que buscam manter o balanceamento dinâmico de um sistema complexo em longo prazo". Munck e Souza (2009) também abordam a mesma discussão e argumentam que o DS e a sustentabilidade buscam os mesmos objetivos, mas o DS deve ser considerado o modelo de desenvolvimento que promove a sustentabilidade.

Apesar de muitos debates conceituais, na visão de Vos (2007), o que se tem notado é que enquanto as definições são abundantes, a prática da sustentabilidade é ainda atualmente muito limitada. Há práticas ocorrendo em nível da comunidade ou local e nas empresas privadas, mas, ironicamente, em nível internacional, no qual o conceito surgiu, poucas medidas estão sendo tomadas. Assim, é pouco provável ter uma única resposta para a pergunta "o que é a sustentabilidade?". Em vez disso, as definições acabam sendo criadas para servir bem em diferentes épocas e contextos. E, mais importante, as definições já deveriam estar sendo testadas na prática por meio da implantação de métricas e indicadores de progresso no caminho em direção à sustentabilidade. Na opinião de Vos (2007), é na prática da sustentabilidade que as definições podem ser testadas e aperfeiçoadas.

Além disso, o mesmo autor afirma que as várias definições de sustentabilidade não são necessariamente um problema, mas úteis, porque permitem um acordo mais amplo e ajudam a encontrar uma forma melhor de organização para a mudança social quando escolhas difíceis são confrontadas. Significados diferentes são ainda esperados em virtude da complexidade e dinamicidade que envolvem o meio ambiente. Nesse contexto, a sustentabilidade pode ser compreendida como uma jornada, e não um destino fixo. Para Souza (2010, p. 35), "enquanto a sustentabilidade refere-se à capacidade de manter algo em um estado contínuo, o desenvolvimento sustentável envolve processos integrativos que buscam manter o balanceamento dinâmico de um sistema complexo em longo prazo". É possível compreender, portanto, que é nesse sentido em que se situa a maior diferença entre os conceitos: a noção de progresso dinâmico balanceado *versus* estabilidade alcançada a partir desse tipo de progresso.

Entretanto, o debate sobre sustentabilidade e DS, apesar das ambiguidades, mostra-se muito produtivo, pois evidencia a necessidade de um novo paradigma social integrador das esferas econômica, social e ambiental. Enfim, faz-se necessário um novo estilo de desenvolvimento, uma vez que o atual se mostra insustentável sob diversas perspectivas. Dessa forma, um caminho mais fácil e produtivo para definir desenvolvimento sustentável talvez seja justamente o da discussão ampla da sustentabilidade (Baroni, 1992).

Sachs (2000) pressupôs a existência de cinco dimensões do ecodesenvolvimento ou DS: a sustentabilidade social; a sustentabilidade econômica; a sustentabilidade ecológica; a sustentabilidade espacial e a sustentabilidade cultural. Ele afirma que esses princípios se articulam com teorias de autodeterminação defendidas pelos países não alinhados desde a década de 1960. Sachs propõe ações que explicitem a compatibilidade da melhoria dos níveis de qualidade de vida concomitantes à preservação ambiental. Para ele, isso é uma nova estratégia alternativa à ordem econômica internacional, enfatizando a importância de modelos locais baseados em tecnologias apropriadas, em particular para as zonas rurais, buscando reduzir a dependência técnica e a cultural.

Nesse contexto destaca-se, ainda mais, a importância do setor privado, pois este pode potencialmente desempenhar um papel integral no desenvolvimento sustentável, fornecendo recursos financeiros e humanos, inovação, infraestrutura e tecnologia a fim de promover uma boa governança. Atores corporativos precisam ampliar seu envolvimento com a noção de desenvolvimento sustentável, reconhecendo a necessidade de passar de um entendimento estreito e técnico dos seus impactos sociais e ambientais para o exercício de um papel mais amplo na sociedade. Ambos, academia e prática empresarial, unidos, podem proporcionar melhor entendimento do uso da série de definições e operacionalizações do conceito em nível empresarial (Barkemeyer et al., 2011).

Tendo em vista a importância das organizações no contexto econômico mundial, lembrando que algumas podem chegar a um tamanho superior em alguns países, corrobora-se a necessidade de investir tanto em conceitos sólidos de desenvolvimento sustentável e sustentabilidade no âmbito organizacional quanto em modelos e métodos para sua implantação e avaliação. Diante dessas considerações, analisar-se-á, no próximo capítulo, como a sustentabilidade nas organizações (SO) tem sido definida e estudada.

CAPÍTULO 2
Sustentabilidade nas organizações: paradigmas norteadores

Como visto, na agenda internacional, o desenvolvimento sustentável chegou ao setor empresarial com maior afinco por volta da década de 1990. Desde então, as discussões de temas ambientais, sociais e econômicos, no cenário organizacional, centram-se, primordialmente, na releitura e reincorporação de conceitos e na redefinição de paradigmas de gestão (D'Amorim, 2009; Hahn; Scheemesser, 2005). Com esse fundamento, serão conceituados, apresentados e discutidos neste capítulo os principais paradigmas existentes e vigentes no que se refere à sustentabilidade em contexto organizacional.

Perspectivas paradigmáticas da sustentabilidade nas organizações

Ao buscarmos uma definição para paradigma, encontramos em Burrell (2007) uma forma, convencionada por um grupo de pesquisadores, de ver e compreender o mundo. Ela está profundamente assentada e é compartilhada por um grupo de cientistas, muitas vezes defensivos em relação aos de fora. O paradigma demarca uma linguagem comum que busca fundar um corpo conceitual também comum.

Ao pesquisar sobre abordagens e perspectivas paradigmáticas que tratam das definições sobre o relacionamento entre homem e natureza, em específico à sustentabilidade, emergem, centralmente, três perspectivas: duas de cunho radical e uma de integração.

Vos (2007), no Quadro 2.1, apresenta os principais arquétipos envoltos à sustentabilidade e suas características.

QUADRO 2.1 | Arquétipos da sustentabilidade.

Categoria/paradigma	Paradigma dominante	Versões *hard*	Versões *soft*
Ontologia da natureza	Natureza como matéria-prima para a economia humana.	Muitos valores intrínsecos são reconhecidos na natureza.	Alguns valores intrínsecos são reconhecidos na natureza.
Substituição do capital natural	A substituição para o capital natural não há limites.	Não pode haver reduções no capital natural.	Substituição é possível, mas não completa.
Crescimento econômico	Não há limites.	É necessário reduzir e inverter o crescimento.	O relacionamento ganha-ganha é enfatizado.
Crescimento populacional	Não há limites.	Deve retardar o crescimento e alcançar meios para seu declínio.	O crescimento populacional deve ser acompanhado via compensações *per capita*.
Papel da tecnologia	Racionalidade tecnológica.	Ceticismo profundo.	Ceticismo cauteloso.
Equidade social	Guiada pelo mercado.	Deve ser observada a redistribuição.	Considera conexões que permitem análises comparativas.
Participação dos *stakeholders*	Decisão passada aos *experts*.	Democracia como base da decisão.	Processo decisório participativo.

Fonte: Vos (2007).

Com vistas à ampliação contextual, no Quadro 2.2 serão apresentados três estudos que exemplificam os aqui considerados principais paradigmas quando se trata da sustentabilidade, tidos como os mais presentes na literatura.

Nesses estudos, é possível afirmar que, em contexto organizacional, as versões apresentadas, tanto as econômicas extremistas quanto as ambientais extremistas, falham em oferecer uma base sobre a qual a sustentabilidade possa ser investigada e praticada. Segundo argumentam Munck, Borim-de-Souza e Silva (2010), o *tecnocentrismo* restringe a complexidade da sustentabilidade às questões tecnológicas, com isso, suas argumentações desassociam-se patologicamente ou acabam por repreender categoricamente muitos componentes críticos envoltos ao tema. Também Ketola (2009) frisa que o paradigma modernista representa o método mais efetivo para a acumulação de capital e para o crescimento econômico contínuo, porém leva à degradação tanto do homem quanto da natureza. O autoritarismo de *experts* em relação à tomada de decisão configura uma via muito provável para privilegiar os grupos dominantes em detrimento das minorias, favorecendo, assim, as desigualdades social, ambiental e econômica. As versões paradigmáticas que se sustentam nas visões ambientalistas extremas tampouco podem ser configuradas como em acordo com as demandas para se chegar à sustentabilidade. De acordo com Munck, Borim-de-Souza e Silva (2010), o *ecocentrismo* diminui demasiadamente a representação do ser humano, ao ignorar relacionamentos fundamentais que garantem a segurança da humanidade e a integridade ambiental do planeta. Ketola (2009) argumenta que, embora o

QUADRO 2.2 | Resumo das correntes sintetizadas por Gladwin, Kennelly e Krause (1995), Egri e Pinfield (1998) e de Ketola (2009).

Ênfase/ estudos	Extrema econômica	Extrema ambiental	Integradora
	Paradigma social dominante	Ambientalismo radical	Ambientalismo renovado
Egri e Pinfield (1998)	Representa a aderência aos princípios e objetivos econômicos neoclássicos (crescimento econômico e lucro) com os fatores naturais tratados como externalidades ou como recursos exploráveis infinitamente. A resolução de "possíveis" problemas ambientais acontecerá por meio do progresso científico e tecnológico.	Como crítica à sociedade científica industrial, promove uma visão da biosfera e da sociedade humana baseada em princípios ecológicos do holismo, do equilíbrio da natureza, da diversidade, dos limites finitos e das mudanças dinâmicas. Defende o redesenho massivo dos sistemas agrícola e industrial, as éticas anticonsumistas e antimaterialistas.	Representa uma modificação de valores antropocêntricos, a fim de incluir valores biocêntricos. Por meio da tecnologia, tem-se o progresso científico e econômico, bem como meios para detectarem-se e gerenciarem-se riscos ambientais. Abarca conceitos da economia ecológica e da ecologia industrial.
	Tecnocentrismo	Ecocentrismo	Sustaincentrismo
Gladwin, Kennelly e Krause (1995)	Suas origens remetem à revolução científica do século XVII, com a emergência de uma teoria social liberal e da tendência de privilegiar os seres humanos sobre a natureza. Esta perspectiva ainda se faz dominante contemporaneamente, já que suas proposições são mais convidativas aos sistemas econômicos e aos atuais modelos de gestão organizacionais.	Proveniente de uma filosofia que apregoa um estilo de vida que se conforme com a ordem da natureza, com a reverência ao planeta, alinha-se com os movimentos transcedentalistas e preservacionistas. Este paradigma é marcado por uma ecologia profunda, a qual rejeita qualquer dominação humana sobre a natureza.	Representa um paradigma interessado em compreender o desenvolvimento sustentável como um esforço dialético. Busca articular uma visão de mundo centrada na busca por uma reconciliação entre posições científicas radicais. É um paradigma ainda embrionário.* *Embora seja uma afirmação feita em 1995, ainda se faz atual.

Continua

Continuação

Ênfase/ estudos	Extrema econômica	Extrema ambiental	Integradora
	Paradigma modernista	Paradigma pós-modernista	Paradigma pré-morfeanista
Ketola (2009)	Tem como pressuposto a crença na economia neoclássica, sustenta a produção por corte de custos a partir da eficiência da ecologia ou do empregado, aspectos os quais servem a interesses egoístas. Crença na possibilidade e necessidade da associação entre negócios e crescimento sustentável, por meio da tecnologia, com vistas às gerações futuras.	Surge do aprofundamento da superficialidade modernista ao tratar das responsabilidades ecológica e sociocultural a partir de uma Abordagem Sistêmica, da Teoria dos Sistemas. É capaz de produzir grandes ideias para combater os problemas ambientais e socioculturais, tem uma postura de observar a natureza e os seres humanos.	Tem a finalidade de sensibilização dos efeitos do lado inconsciente do comportamento humano, para demonstrar que, no fundo, todos os seres humanos possuem os mesmos valores. Desde a última década, alguns sinais, ainda fracos, mostram-se formadores deste novo paradigma: ressonância mórfica, metamorfose e pensamento morfeano.[1]

Elaborado a partir de Bansi (2013); Galleli (2013) e Munck, Galleli e Bansi (2012).

paradigma pós-modernista tenha se mostrado capaz de produzir grandes ideias para combater os problemas ambientais e socioculturais, não trouxe nenhuma solução para as crises que põem em choque o humano e o ambiental. As decisões, quando pautadas por processos democráticos e populares, correm o risco de cair em contradição e em processos de reificação, haja vista tamanha diversidade e complexidade de interesses contrastantes.

---

[1] De acordo com a hipótese de ressonância mórfica proposta pelo biólogo Hupert Sheldrake, existe uma memória cumulativa inerente na natureza. Para ele o universo não é governado por leis eternas, mas sim por hábitos em evolução. Alguns hábitos são mais fundamentais do que os outros e tornam-se estruturas ou valores relativamente constantes, tais como a velocidade da luz e a gravidade "constante" – o que não significa que eles não irão variar e evoluir ao longo do tempo. Já a metamorfose se refere ao pensamento empresarial que se modifica ao adotar a ideia preconizada pela ressonância mórfica, da economia de curto prazo para a de longo prazo. Seria de interesse das empresas o bem-estar da sociedade e do meio ambiente, sendo possível associar sucesso nos negócios a um modo de vida sustentável econômica, social e ambientalmente. Já o pensamento morfeano seria proveniente da inconsciência coletiva, a qual é composta pelos pensamentos inconscientes individuais ligados ao cérebro e alimentados pelos genes. A inconsciência coletiva conecta pessoas de diferentes culturas em um nível mais profundo de sonhos, rituais, religiões e mitologias. A indústria representa a sombra da inconsciência coletiva, que não aprendeu a integrar-se ao ego coletivo consciente, a fim de mantê-lo sob controle, do mesmo modo como ocorre com a crise ambiental. O aprendizado humano coletivo é um processo demorado, pois tenta reprimir a memória coletiva ao contradizer as necessidades imediatas dos homens.

Hoff (2008) observa que são os estudos de Gladwin, Kennelly e Krause (1995) e de Egri e Pinfield (1998) que destacam a necessidade de existência de um terceiro paradigma (*sustaincentrism*/ambientalismo renovado), o qual pauta-se na busca de um equilíbrio entre os interesses dos seres humanos e da natureza, no alcance de uma distribuição equitativa do crescimento econômico e da qualidade de vida. Adicionando a abordagem trabalhada por Ketola (2009), infere-se que as características do paradigma *pré-morfeanista*, em conjunto, proporcionam instrumentos científicos exploratórios e interdisciplinares, além de bases de valor para escolhas futuras. De acordo com essa hipótese, existe inerente à natureza uma memória cumulativa de hábitos inconscientes; assim, o universo é moldado pelos hábitos da natureza, e não por leis eternas, e a sustentabilidade não seria possível tampouco necessária, haja vista que o meio ambiente evoluiria, seria adaptado e preservado por si mesmo. Para as indústrias poluidoras, é uma ideia interessante, mas, do ponto de vista ecológico, é uma interpretação das mais perigosas. Admite-se, então, que, além dos hábitos da natureza, há a intervenção humana. Logo, é possível prevenir desastres ecológicos ao realizar ajustes nas ondas mórficas, por meio da compreensão das memórias e dos padrões de atuação dos homens e da natureza. O pensamento empresarial sofre metamorfose ao adotar a ideia preconizada pela ressonância mórfica, passada da economia de curto prazo para a de longo prazo.

Dessa forma, a união dos propósitos do ambientalismo renovado; do *sustaincentrism* e do pré-morfeanismo permitem alcançar um melhor alinhamento com as premissas do desenvolvimento por vias sustentáveis, algo desejável. Infere-se que processos decisórios colaborativos, guiados por preceitos desta união, entre *stakeholders*, talvez sejam a alternativa mais adequada para que escolhas sejam feitas de maneira ponderada e equilibrada.

Meppem e Gill (1998) retrataram o planejamento para a sustentabilidade como um processo participativo e de aprendizagem transdisciplinar. Na mesma direção, sugerem um alargamento do âmbito de opiniões e interesses considerados para seu acontecimento. Isso reforça as proposições do *sustaincentrism*, pois a dinâmica da competitividade leva a crer que, se corretamente projetados, os novos padrões ambientais podem incentivar a inovação, que pode ser parcial ou integralmente mais eficaz na redução de custos envoltos ao cumprimento destes mesmos padrões, legais ou não. Além disso, trabalhando nesse sentido, seria minimizado ou até mesmo eliminado o chamado "conflito verde".

A convicção de que a adoção de uma combinação é a melhor alternativa para cunhar o paradigma centrado na sustentabilidade parece pertinente para a incorporação de aspectos socioambientais no processo decisório econômico de uma comunidade de *stakeholders* (Munck; Borim-de-Souza; Silva, 2010; D'Amorin, 2009; Hoff, 2008; Egri; Pinfield, 1998; Gladwin; Kennelly; Krause, 1995). O paradigma centrado na sustentabilidade assume, conforme Munck, Borim-de-Souza e Silva (2010), a responsabilidade de articular o conhecimento e as discussões transdisciplinares fazendo-os dialogar com o intuito de fundar um modelo que melhor entenda e promova a sustentabilidade nas organizações.

Como contraponto e até como alerta, é importante destacar que é visível nas teorias da sustentabilidade a inerente existência de noções implícitas ou explícitas sobre a origem dos problemas ambientais, sociais e econômicos. A culpabilidade das desigualdades e degradações tem sido atribuída de várias formas a vários atores. A evolução da ciência que se destacou com o Iluminismo criou a pretensão de domínio sobre a natureza a partir de novas competências, que permitiam ao homem decidir por si só os rumos do mundo. Enfim, foi tomado um "caminho errado" em algum ponto na vida social humana, cognitiva ou de desenvolvimento das organizações, que criou a falsa ideia de se ter o controle sobre tudo, inclusive da natureza e de outros seres humanos. Sem dúvida, essa origem que incentiva e propaga a dominação como um símbolo valioso de poder é um constrangimento forte ao comportamento coletivo agora exigido pelos preceitos do desenvolvimento sustentável. O antropocentrismo deve ceder lugar ao *sustaincentrism*. Talvez a boa notícia seja que errar é humano, mas corrigir e acertar também o são.

Hahn et al. (2010) apresentam uma alternativa para lidar com a reconhecida problemática de o *mainstream* da literatura sobre sustentabilidade corporativa seguir o paradigma social dominante denominado *ganha-ganha*, em que os aspectos econômicos, ambientais e sociais podem ser atingidos simultaneamente sem perdas para um ou para outro. De acordo com esse paradigma, as questões ambientais e sociais somente são consideradas ao passo que contribuam para um melhor desempenho econômico. A busca é pela identificação de situações e estratégias que levem o ser responsável com o meio ambiente e/ou o ser socialmente responsável a recompensas financeiras. No entanto, dada a natureza multifacetada e complexa do desenvolvimento sustentável, os autores defendem que os *trade-offs* e conflitos na sustentabilidade corporativa são a regra, e não a exceção. Fechar os olhos para os *trade-offs*, portanto, resulta em uma perspectiva limitada sobre as contribuições das empresas para o desenvolvimento sustentável.

A partir dessas considerações, Hahn et al. (2010) definiram os principais *trade-offs* em sustentabilidade corporativa e identificaram suas diferentes dimensões e perspectivas. *Trade-offs* foram definidos como situações nas quais "há um compromisso por fazer um sacrifício em uma área a fim de obter benefícios em outra". Por exemplo, aceitar uma perda relativamente pequena no desempenho econômico da empresa para gerar benefício substancial social ou ambiental, resultando em uma maior contribuição positiva para o desenvolvimento sustentável.

O Quadro 2.3 demonstra os níveis e as dimensões dos *trade-offs* mais comuns na sustentabilidade corporativa.

QUADRO 2.3 | Quadro analítico dos *trade-offs* em sustentabilidade corporativa.

Nível	Dimensão resultado	Dimensão temporal	Dimensão de processo
Nível social	*Trade-offs* entre os diferentes resultados econômicos, ambientais e sociais para o nível social.	*Trade-offs* entre aspectos intra e intergeracional do desenvolvimento sustentável.	*Trade-offs* entre um sistema econômico mais resistente e um mais eficiente.
⇕ *Trade-offs* entre sociedade e níveis da indústria ⇕			
Nível da indústria	*Trade-offs* entre os diferentes resultados econômicos, ambientais e sociais para o nível industrial.	*Trade-offs* entre estruturas industriais presentes e futuras e atividades em relação ao desenvolvimento sustentável.	*Trade-offs* entre processos de mudanças estruturais e tecnológicas para o desenvolvimento sustentável.
⇕ *Trade-offs* entre a indústria e níveis organizacionais ⇕			
Nível organizacional	*Trade-offs* entre os diferentes resultados organizacionais: econômicos, ambientais e sociais.	*Trade-offs* entre curto e longo prazo na orientação para a sustentabilidade e efeitos da atividade empresarial.	*Trade-offs* entre estratégias e modos de governança diferentes para sustentabilidade corporativa.
⇕ *Trade-offs* entre os níveis organizacional e individual ⇕			
Nível individual	*Trade-offs* entre interesses individuais e preferências dos diferentes atores quanto aos aspectos dos resultados econômicos, ambientais e sociais.	*Trade-offs* entre preferências e interesses dos diferentes atores com respeito a estratégias de curto ou longo prazo.	*Trade-offs* entre as percepções dos diferentes atores quanto à sustentabilidade corporativa.

Fonte: Hahn et al. (2010).

Analisando o quadro, percebe-se que o nível individual, que envolve o tomador de decisão, representa um elemento chave na análise de *trade-offs* em sustentabilidade corporativa, eventualmente, também no que diz respeito ao desenvolvimento sustentável, pois este depende das percepções, motivações, valores e decisões de atores individuais. A dimensão "resultados" refere-se aos efeitos reais das atividades empresariais no que diz respeito ao desenvolvimento sustentável. A dimensão "temporal" abrange todos os *trade-offs* entre os aspectos atuais e futuros do comportamento relacionado à sustentabilidade corporativa. E, por fim, a dimensão "processo" refere-se aos *trade-offs* empresariais, estratégias, processos e transformações para o desenvolvimento sustentável, ou seja, é uma perspectiva dinâmica e inovadora na maior parte das vezes. Esta última dimensão é uma perspectiva vital para a análise de *trade-offs* em sustentabilidade corporativa, pois representa as forças motrizes e trajetórias para o desenvolvimento sustentável.

Os *trade-offs* em nível individual referem-se aos conflitos entre os diferentes interesses e preferências individuais em relação aos direitos econômicos, ambientais e sociais – resultados do comportamento e atividades das empresas. Já os *trade-offs* da dimensão temporal em nível individual podem se referir tanto à dimensão de resultados quanto à dimensão do processo, e adereçam conflitos que surgem entre a orientação dos indivíduos dentro das organizações, no que diz respeito às questões da sustentabilidade a serem levadas em consideração por estratégias de curto ou longo prazo. Por fim, os *trade-offs* na dimensão do processo, em nível individual, ocorrem por haver percepções conflituosas de questões sobre a sustentabilidade entre os tomadores de decisão empresariais sobre os processos pelos quais as políticas de sustentabilidade corporativa, estratégias e programas são formulados e executados.

A segunda discussão se baseia nos *trade-offs* em nível organizacional. Com relação à dimensão resultado, tais *trade-offs* capturam conflitos entre aspectos organizacionais econômicos, ambientais e sociais do real desempenho de sustentabilidade corporativa. *Trade-offs* da dimensão temporal em nível organizacional são os *trade-offs* entre a sustentabilidade de curto e longo prazo que trazem certos efeitos e orientações das atividades empresariais. Tais *trade-offs* podem endereçar conflitos entre a orientação de longo e de curto prazo nas estratégias relacionadas à sustentabilidade corporativa. Por fim, os *trade-offs* na dimensão processo no nível organizacional endereçam conflitos entre e dentro das diferentes estratégias e modos de governança para a sustentabilidade corporativa. Tal dimensão, portanto, relaciona-se com a questão de quais seriam as estratégias e modos de governança corporativa que causariam contribuições positivas para o desenvolvimento sustentável.

A terceira discussão gira em torno dos *trade-offs* em nível de indústria. *Trade-offs* na dimensão resultado em nível de indústria se referem a resultados industriais econômicos, ambientais e/ou sociais conflituosos. Na dimensão temporal, existem *trade-offs* em nível de indústria entre as estruturas presentes e futuras da indústria e atividades com respeito ao desenvolvimento sustentável. Finalmente, quanto à dimensão do processo no nível industrial, os *trade-offs* se referem a conflitos nos processos de mudanças estruturais e tecnológicas para o desenvolvimento sustentável.

E a quarta e última discussão se encontra envolta aos *trade-offs* em nível de sociedade. *Trade-offs* em nível de sociedade estão situados no coração do desenvolvimento sustentável, uma vez que representa um conceito de sociedade. A dimensão resultado dos *trade-offs* em sustentabilidade corporativa em nível social se refere a efeitos conflituosos da empresa e suas atividades em relação a aspectos da sustentabilidade, comparando com resultados globais para uma sociedade mais sustentável. Na dimensão temporal, os *trade-offs* em nível de sociedade estão relacionados com os conflitos em torno de aspectos intra e intergeracional do desenvolvimento sustentável. Finalmente, quanto à dimensão de processo no nível da sociedade há um *trade-off* entre a eficiência e a resiliência do sistema econômico.

Como conclusão, Hahn et al. (2010) afirmam que a discussão dos *trade-offs* em sustentabilidade corporativa está claramente em sua infância, e que o quadro analítico aqui apresentado oferece um ponto de partida válido para uma análise mais estruturada de *trade-offs* em sustentabilidade corporativa. Esse quadro representa uma primeira tentativa de trazer mais estrutura para a análise de *trade-offs* em sustentabilidade corporativa e "assumir a tarefa de trabalhar os princípios e diretrizes para o gerenciamento de *trade-offs*" (Margolis e Walsh, 2003, p. 284). Obviamente, são necessárias mais pesquisas para refinar, complementar e desenvolver ainda mais o quadro.

Por essas explanações, e pelo que foi abordado anteriormente em relação aos paradigmas da sustentabilidade, observaram-se pontos de convergência que permitem alocar os paradigmas em consonância com as perspectivas do ganha-ganha ou de *trade-off*. O Quadro 2.4 a seguir demonstra este enquadramento com breves explicações.

Com a análise do Quadro 2.4, é possível concluir: em primeiro lugar, as versões extremistas econômicas não se enquadram com o paradigma do ganha-ganha,

QUADRO 2.4 | Enquadramentos dos paradigmas da sustentabilidade em perspectivas de ganha-ganha ou de *trade-offs*.

	Paradigma	Ganha-ganha CONTEMPLA	Trade-off	Enquadramento de Perspectiva
Visão extrema econômica	Tecnocentrismo/social dominante/modernista/ dominante	–	–	Não é convergente com nenhuma das perspectivas. A predominância econômica desconsidera completamente as questões sociais e ambientais.
Visão extrema ambiental	Ecocentrismo/ ambientalismo radical/ pós-modernista/versões robustas	–	–	Não é convergente com nenhuma das perspectivas. A predominância ambiental desconsidera as questões sociais e econômicas.
Visão intermediária emergente	*Sustaincentrism*/ ambientalismo renovado/ pré-morfeanismo/versões estreitas	✓	–	É convergente com a perspectiva do ganha-ganha. Busca e aposta no equilíbrio entre a economia, o meio ambiente e a sociedade.

Fonte: Elaborado pelo autor.

pois, ao priorizar as questões econômicas e deixar em segundo plano as sociais e ambientais, dispensam a integração nos processos decisórios. Do mesmo modo, não se enquadra com a perspectiva do *trade-off* porque, à medida que negligencia os aspectos socioambientais, também não pondera suas possíveis perdas. Em segundo lugar, os paradigmas em conformidade com as versões extremas ambientais não se enquadram em nenhuma das perspectivas por razões semelhantes: em relação ao ganha-ganha, não considera de forma adequada as questões sociais e econômicas e, em relação ao *trade-off*, não pondera as perdas pertinentes a essas questões. Nesse conjunto, é necessário destacar a situação do paradigma pós-modernista. Segundo Ketola (2009), apesar de este paradigma aceitar que os homens possuem pouco controle sobre a natureza, está frequentemente associado apenas à retórica, e não à prática, além de não considerar, devidamente, interesses coletivos dos seres não humanos. Sendo assim, seu enquadramento não converge com a perspectiva do ganha-ganha, tampouco com a do *trade-off*.

Em terceiro lugar, porém, talvez o mais importante, visualiza-se a consonância entre os paradigmas intermediários e emergentes entre as versões extremistas, paradigmas estes considerados viabilizadores e adequados às bases da sustentabilidade e à perspectiva do ganha-ganha. De fato, este paradigma busca a (re)conciliação entre valores antropocêntricos e valores biocêntricos, com a busca do balanceamento entre economia, meio ambiente e sociedade, de forma que esses três fundamentos sejam adequadamente considerados. Nesse sentido, Hahn et al. (2010) admoestam que, a despeito de algumas proeminentes evidências de que relações de ganha-ganha podem realmente existir sob determinadas circunstâncias, pode ser considerada simplista a suposição de que os referidos princípios coexistem em harmonia, tendo em vista a complexa e multifacetada natureza da sustentabilidade. Dessa forma, ignorar os *trade-offs* e conflitos inerentes à SO implica adotar uma perspectiva limitada sobre as reais contribuições empresariais ao DS.

Como as empresas naturalmente buscam maneiras de melhorar seu desempenho e determinar as melhores abordagens que gerem lucros, integrar completamente suas preocupações sociais e ambientais em todas as partes das operações ainda é um desafio. Esses desafios se mantêm porque a realização da sustentabilidade é fundamentalmente diferente da implantação de estratégias de lucro vigentes nas organizações. Quando se pensa em objetivos organizacionais, há uma ligação direta com o lucro. Inovações nesses processos rumo à sustentabilidade são de longo prazo e de difícil previsão de lucros intermediários, pois as metas intermediárias são sempre novos produtos e aumento de lucros.

Alcançar a excelência tanto no desempenho social quanto no financeiro simultaneamente significa lidar com esse paradoxo, e isso cria significativos desafios. Então, entender a sustentabilidade como objetivo principal da empresa significa aprender a lidar com novas metodologias de cálculos dos custos financeiros de forma a haver significativas melhoras no desempenho social e ambiental. Com isso, os gestores serão confrontados com um dilema: como fazer essas escolhas e que ações efetivas tomar?

Tudo isso significa que é difícil implantar adequadamente sistemas para alcançar a sustentabilidade, bem como para avaliar a relação: impactos no desempenho financeiro *versus* compensações. Atualmente, a sustentabilidade é vista como um custo pela maior parte das empresas, por ainda não apresentar vantagens claras. Diante das incertezas, como os acionistas responderão a estes *trade-offs*? Uma nova forma de gestão se faz necessária para mudar tal cenário.

CAPÍTULO 3
Desafios para a avaliação da sustentabilidade nas organizações

Indicadores, métricas e relatórios que dependem, pelo menos implicitamente, de definições de sustentabilidade e desenvolvimento sustentável têm proliferado na última década. Expressões frequentemente utilizadas incluem: desenvolvimento sustentável, sociedades sustentáveis, comunidades sustentáveis, sustentabilidade ecológica, crescimento sustentável e sustentabilidade estratégica; cada uso tem seu próprio significado, enfatizando um ou outro aspecto do conceito (Vos, 2007).

Na visão de Siena (2008), materializar o conceito desenvolvimento sustentável e, por conseguinte, a SO, é um problema complexo, haja vista as bases conceituais sobre as questões envolvidas não estarem consolidadas. Ferramentas de mensuração consistem em informações úteis para a tomada de decisão e, assim, pode-se constatar a qualidade de certo instrumento pela sua qualidade da informação fornecida. São ferramentas de controle e gestão que fomentam subsídios para os processos de decisão, com base em informações importantes, geralmente quantitativas, e resumidas em declarações concisas. Várias aproximações para conjuntos de ferramentas de mensuração da SO vêm sendo desenvolvidas, testadas e aperfeiçoadas. Ao realizar um levantamento, sem considerar a área de atuação das diferentes ferramentas de avaliação, Van Bellen (2004) identificou 18 metodologias ou instrumentos de avaliação da sustentabilidade entre os mais referenciados na literatura científica. Contudo, novamente, constatou-se que há problemas conceituais e de medidas não resolvidos adequadamente pelas experiências em curso.

Ao revisar a literatura existente sobre a temática, Vinodh (2011) elenca 20 referências de trabalhos científicos, publicados entre os anos de 1997 a 2009, provenientes de diversas partes do mundo, como Canadá, Pequim e Austrália. São variadas as abordagens elaboradas, com foco micro ou macro, entre as quais se destacam construções e aplicações de indicadores e métricas sociais, ambientais e da sustentabilidade, mapas estratégicos, *frameworks* de mensuração, além de inúmeros métodos de avaliação da sustentabilidade nas organizações. Após a verificação de tais referências, o autor constata que nenhuma pesquisa concreta foi publicada contendo uma perspectiva de avaliação da sustentabilidade sob a luz da Lógica Fuzzy. Para Vinodh (2011) esta lógica pode implicar diversas contribuições, à medida que é capaz de validar quantitativamente informações qualitativas e não muito precisas, como é o caso de informações relacionadas à SO.

Com base nessas evidências, Vinodh (2011) elabora um modelo de avaliação da sustentabilidade com base na abordagem dos três pilares do Triple Bottom Line (TBL): econômico, ambiental e social. No que tange à parte conceitual do modelo, o autor aponta três níveis que o constitui: (a) capacitores da sustentabilidade, compostos pelos três pilares do TBL; (b) com 12 itens distribuídos entre os três capacitores; e (c) atributos da sustentabilidade, no qual 37 itens são dispostos a partir dos 12 critérios anteriores. A partir da elaboração desse modelo conceitual, Vinodh (2011) desenvolve, então, o modelo de avaliação da sustentabilidade por meio da lógica *fuzzy* e demonstra sua aplicação em uma empresa que, entre os níveis de sustentabilidade definidos (extremamente sustentável; sustentável; sustentável em geral; não sustentável e extremamente não sustentável), teve sua avaliação em "sustentável".

Vinodh (2011) ressalta que o modelo por ele elaborado, em virtude de possuir implicações para os três pilares da SO, principalmente por abarcar em seu modelo conceitual questões primordiais em cada uma delas, apresenta grandes avanços. Por essa razão, na visão do autor, o modelo elaborado transcende questões que outros métodos e sistemas de avaliações não alcançam, como é o caso de certificações como a ISO 14000. De fato, ferramentas e instrumentos de avaliação que intencionem mensurar a sustentabilidade em contexto organizacional não devem se limitar a um ou dois pilares do TBL, se estas forem suas referências. Como visto, para ser considerada sustentável, uma empresa precisa ter equilibradas suas dimensões econômica, social e ambiental; logo, avaliações devem abrangê-las em sua totalidade. Acrescenta-se, ainda, que, pelo entendimento de que a SO deve ser desenvolvida de maneira contextual, infere-se que os instrumentos capazes de medi-la e avaliá-la também o devem ser.

Atualmente, muitas organizações adotaram programas e projetos a fim de padronizar relatórios de sustentabilidade e medidas de gestão sustentável, alguns aplicáveis a uma grande variedade de organizações, outros específicos para determinados setores. Barkemeyer et al. (2011) asseveram que uma das questões fundamentais para a operacionalização da sustentabilidade no contexto empresarial é a expansão da prática dos relatórios baseados no TBL. Segundo Leite e Filho, Prates e Guimarães (2009), nos últimos anos, esse padrão de publicação dos relatórios de sustentabilidade vem sendo adotado por grandes empresas nacionais e internacionais que buscam evidenciar com maior transparência informações socioambientais ao público interessado e aos seus *stakeholders*. Em âmbito internacional, a *Global Reporting Initiative* (GRI) criou um modelo de relatório de sustentabilidade que fornece às empresas as diretrizes para divulgar as informações de natureza econômica, ambiental e social, sendo considerado um dos principais padrões no mundo para a construção dos relatórios de SO (GRI, 2006). Já em âmbito nacional, o Conselho Empresarial Brasileiro para o Desenvolvimento Sustentável (CEBDS) parte da rede nacional de conselhos do World Business Council for Sustainable Development (WBCSD), publica a cada dois anos o seu Relatório de Sustentabilidade Empresarial. Trata-se de um documento no qual as empresas associadas expõem suas ações e práticas de sustentabilidade (CEBDS, 2007).

Wheeler e Elkington (2001) argumentam que a comunicação aos *stakeholders* por parte das organizações, no que se refere à prosperidade econômica, à qualidade ambiental e à justiça social, ou seja, ao TBL, é e continuará a ser uma característica definidora da SO no século XXI. Contudo, os meios de comunicação ainda utilizados parecem não usufruir de todo o seu potencial, tanto para as próprias organizações quanto para as partes interessadas. Existem muitos comentários críticos e questionamentos a respeito da validade e verificações externas das informações contidas nos relatórios de sustentabilidade, principalmente no que se refere ao desempenho social, em que verificações externas são altamente complexas, além de exigerem aprovação constatada dos *stakeholders*, ao contrário de questões ambientais, para as quais existem certificações (Wheeler; Elkington, 2001).

Da mesma forma, Vanstraelen, Zazerski e Robb (2003) afirmam que a discussão acerca da extensão das informações empresariais divulgadas voluntariamente, sobretudo de natureza social e ambiental, gera dúvidas sobre o que e quanto deve ser divulgado, em razão da inexistência de parâmetros previamente definidos. Norman e MacDonald (2003) admitem que, obviamente, a obrigação de divulgar *algumas* informações aos *stakeholders* é válida, contudo, como saber quais informações reportar, quais informações os *stakeholders* possuem o direito de saber? Ainda, quando é perfeitamente legítimo não divulgar certas informações de concorrentes? Os autores frisam que, até o momento, não foi encontrada nenhuma orientação a esse respeito. Norman e MacDonald (2003) também apontam que muitas organizações relatam informações referentes às dimensões social e ambiental, exatamente do mesmo modo como relatam as informações financeiras e contábeis. Os autores consideram que as avaliações sociais e financeiras são extremamente não análogas, logo, não podem ser tratadas de forma semelhante. Expressar o pilar social em termos monetários, percentuais ou cardinais não faz sentido, sendo necessário refletir o que representa tal fundamento em uma empresa para descobrir como ele pode ser de fato expressado.

Conscientes das lacunas encontradas nos relatórios de sustentabilidade divulgados por empresas em todo o mundo, Wheeler e Elkington (2001) asseveram que, entre os desafios a serem superados, estão:

(a) a fadiga no engajamento dos *stakeholders* e de formadores de opinião;
(b) a não extensão dos princípios do TBL para unidades de negócios da empresa sede.

Os autores afirmam, ainda, que, no caso de comunicações sobre a sustentabilidade das empresas, é preciso ter em mente o relacionamento de confiança entre a organização e seus *stakeholders*, bem como saber o que tais relacionamentos demandarão no futuro em termos de compartilhamento de informações econômicas, ambientais e sociais. Desse modo, há um enorme potencial na superação dos obstáculos mencionados por meio do desenvolvimento de relatórios de sustentabilidade empresarial interativos (cibernéticos) e comunicações realizadas via internet e outros canais.

Para Wheeler e Elkington (2001), a comunicação via internet genuinamente interativa (cibernética) deve atuar e assegurar que valores sejam agregados, com vistas a alcançar relevância estratégica de longo prazo para a organização. Os autores acreditam que os relatórios empresariais, inclusive o financeiro, serão feitos *on-line* e operados interativamente em tempo real, de modo a permitir que diferentes *stakeholders* recebam o "mix certo de informações, no formato certo e no tempo certo", ou seja, uma comunicação muito mais interativa do que é possível atualmente. Para este fenômeno, Wheeler e Elkington (2001) concebem o nome de "relatório cibernético de sustentabilidade" (CySR – sigla em inglês). Ademais, deverá ser garantida a estratégia "de cima para baixo", baseada em princípios da boa governança e do risco gerencial, a qual substituirá a verificação e o atestamento *"fim de tubo"* dos relatórios empresariais mais comuns já conhecidos.

É preciso reconhecer que, como já alertaram Norman e MacDonald (2003), é possível que os pressupostos da sustentabilidade, baseados no TBL, sejam utilizados por inúmeras empresas apenas como um jargão, de forma enganosa e até cínica. Para os autores, a falta de padronização e transparência facilita a possibilidade do cinismo empresarial, no qual organizações apenas aparentemente são comprometidas com o meio ambiente e com a questão social, mas na realidade não o são. Tal fato é permitido, provavelmente, pelo fato de que a mensuração e comparação de dados dos pilares ambiental e social sofrem com a falta de consenso e de mecanismos que as viabilizam. Siena (2008, p. 359) reforça tal constatação e ainda afirma que "não há consenso sobre o que e como medir e, principalmente, sobre como ponderar e combinar dados", logo, inconsistências metodológicas em avaliações e medições podem inibir pesquisas na área e dificultar comparações diretas entre organizações do mesmo setor.

Uma pesquisa, realizada por Eweje (2011) com 15 empresas da Nova Zelândia, comprovou empiricamente que as empresas, na maioria das vezes, não se importam com relatórios de sustentabilidade. Em sua pesquisa, uma das discussões foi a questão da prestação de contas e relatórios, pois, simplesmente, se uma empresa vê a sustentabilidade como uma parte essencial da sua estratégia de negócios, deve ser capaz de prestar contas e elaborar relatórios sobre suas iniciativas de sustentabilidade e desempenho. Os gestores foram questionados se suas empresas fazem o relatório sobre a sustentabilidade e, mais importante, se elas usam um terceiro para certificar e validar tais relatórios. O resultado foi interessante, pois apenas seis empresas têm relatórios de sustentabilidade autônomos; das seis, apenas três empregam uma auditoria de certificação dos seus relatórios. Além disso, outras cinco empresas afirmam que mencionam suas iniciativas ambientais e sociais em seus relatórios anuais financeiros, enquanto as restantes, quatro empresas, não têm qualquer tipo documental de relatório.

Um dos grandes desafios das empresas tem-se centrado na quantificação da conexão entre as ações de sustentabilidade, o desempenho de sustentabilidade e os ganhos financeiros. Isso tem impedido a criação de uma referência padrão, um ponto de partida para novas práticas. O mais comum é agirem de forma socialmente responsável, porque acreditam que é "a coisa certa a fazer". No entanto, os programas pautados apenas por esta razão são vulneráveis, pois estão sujeitos aos caprichos de mudanças de prioridades em políticas públicas, mudanças nas lideranças corporativas, e, por que não, dos ciclos de vida do produto e financeiros.

Para Epstein (2008), somente criando "um caso de negócios", ou seja, uma referência confiável que ilustra a integração do social e do ambiental, é que gestores poderão analisar efetivamente o desempenho e integrar verdadeiramente aspectos sociais e ambientais em seus negócios e estratégias. Este é um desafio, porque os custos e benefícios de uma estratégia de sustentabilidade não estão firmemente abrigados em uma função ou unidade de negócios específicos. Além disso, muitos benefícios econômicos das iniciativas de sustentabilidade são intangíveis e, portanto, de difícil medição.

A medição de resíduos perigosos gerados é relativamente simples, mas medir a satisfação do funcionário é difícil, e medir o impacto de uma empresa na sociedade é ainda mais difícil. Além disso, demonstrar a conversão desses impactos em dados monetários oferece desafios adicionais. Benefícios da sustentabilidade também são, muitas vezes, de longo prazo, tornando-se mais difícil relacioná-los com o desempenho organizacional atual. No entanto, as medidas são importantes para orientar e fortalecer as decisões de gestão e fundamentais para facilitar *feedbacks* e a melhoria contínua.

Embora difícil, medidas são fundamentais para a sustentabilidade, e devem ser quantificáveis, quer em termos absolutos quer em percentuais, bem como completas e controláveis. Além disso, todas as medidas devem estar claramente interligadas em uma relação causal compreensível (Epstein, 2008).

Várias ferramentas e técnicas estão disponíveis para medir os diferentes aspectos do desempenho de sustentabilidade. Para levantamentos, por exemplo, os clientes são ferramentas poderosas que ajudam as empresas a entender melhor os benefícios da sustentabilidade. Eles fornecem informações valiosas sobre oportunidades e agregação de valor que orientam a melhoria da rentabilidade global.

Internamente, pesquisas, grupos focais e outras técnicas estão cada vez mais sendo usadas para medir e monitorar funcionários e outras partes interessadas e fornecer *feedback*. A Dow Chemical (Corporação norte-americana de produtos químicos, plásticos e agropecuários) que estabeleceu na comunidade painéis consultivos, na maioria das comunidades que dispõem de instalações, estes servem como uma voz da comunidade. Os dados dos painéis têm sugerido uma variedade de esforços como educação emergencial para os moradores, projetos comunitários e contratação local.

No Quadro 3.1, proposto por Epstein (2008), é possível encontrar alguns exemplos selecionados de Métricas da Sustentabilidade.

Além dos alertas apresentados, a análise estatística deve ser realizada para testar a validade da personalização do modelo. Como as empresas avaliam o desempenho de seu modelo inicial? Como a eles adicionar *links* e outras ações sem evidências suficientes de uma relação forte entre ações e resultados? Esta fase é crítica, pois é aqui que um modelo cresce e muda o foco para a sua aplicação no apoio à tomada de decisão. É importante lembrar que fatores internos e externos podem desafiar e mudar os pressupostos e estratégias vigentes.

Assim, à luz de novas informações, as métricas e suas respectivas interligações devem ser continuamente atualizadas e reavaliadas. Embora a medida possa ser imprecisa, certamente deve ser relevante. Impactos sociais e ambientais

QUADRO 3.1 | Sugestão de indicadores para a SO

Categorias	Indicadores
Direcionadores das medidas de desempenho	• Alinhamento da estratégia corporativa com os preceitos da sustentabilidade • Número e diversidade de unidades de negócios
Processos	• Número de visitas a empresas • Comprometimento da liderança corporativa com a sustentabilidade • Política de trabalho infantil • Acesso da gestão da sustentabilidade ao *board* • Excelência em processos de pensão • Volume de recursos dedicado à sustentabilidade • Adoção de códigos e padrões de melhoria da sustentabilidade (incluindo o número de instalações certificadas) • Número e nível de pessoal dedicado à sustentabilidade • Horas de treinamento sobre ética por funcionário • Número de fornecedores certificados para a sustentabilidade
Saídas	• Número de fechamento de fábricas • Volume de resíduos perigosos • Volume de embalagens • Quantidade de compras das empresas minoritárias • Doações por meio de filantropia • Percentual e número de mulheres e minorias em cargos • Número de lesões • Número de derrames, acidentes, descargas emocionais • Número de violações aos direitos humanos e trabalhistas • Resultados da auditoria ética • Taxa de produtos defeituosos • Número de protestos de consumidores • Número de queixas de funcionários • Número de multas • Número de *recalls* de produtos • Receita de subprodutos • Número de ações sociais da empresa social • Número de prêmios recebidos
Resultados	• Receitas a partir de materiais reciclados • Receitas relacionadas à comercialização • Aumento de vendas por melhor reputação • Redução do custo de materiais, em razão da diminuição do desperdício • Redução de *turnover* • Crescimento da receita • Redução do custo de limpeza ambiental • ROI; Lucros etc.

Fonte: Epstein (2008).

devem ser incluídos nos cálculos de ROI (Retorno sobre o Investimento), por exemplo. Em última análise, essas medidas devem, gradativamente, reduzir os constrangimentos organizacionais e as inúmeras barreiras à implantação da SO.

Por essas considerações, observa-se, então, um vasto campo de desafios e possibilidades de desenvolvimento de pesquisas. Igualmente a Norman e MacDonald

(2003), é possível acreditar que, futuramente, a divulgação de relatórios empresariais com informações sobre seus desempenhos social e ambiental será voluntária. Contudo, é preciso que instrumentos de mensuração, avaliação e comparação sejam consolidados. Uma grande dúvida nesse sentido é: se o próprio desenvolvimento da SO deve ser realizado de forma condizente com seu contexto, como viabilizar comparações entre diferentes empresas? Talvez uma alternativa plausível seja identificar indicadores coerentes e concisos em escalas relativamente mais macrossetoriais, por exemplo, e que permitam a análise comparativa, para que, a partir deles, as organizações possam adequá-los à sua realidade. Além disso, essa análise parece ser mais bem aplicada se direcionada a empresas com características semelhantes, por exemplo, de um mesmo setor e com o mesmo porte.

CAPÍTULO 4
Sustentabilidade nas organizações: bases conceituais e modelos de gestão

Em um relatório recente, o WBCSD (*World Business Council for Sustainable Development*) e o *International Institute for Sustainable Development* (IISD) identificaram alguns benefícios resultantes da vinculação das organizações às premissas de um desenvolvimento sustentável, são elas (IISD; WBCSD, 2002):

- *Redução de custos pela utilização de métodos de produção mais limpos e inovações.* Inovação e tecnologia podem incrementar a eficiência da utilização de matérias-primas, consumo de energia e nível de produção.
- *Menores custos relacionados à saúde e segurança*, visto que um ambiente de trabalho seguro e saudável aprimora a qualidade de vida dos funcionários e da comunidade circundante. Essa situação é traduzida em melhores níveis de produtividade, menores prejuízos legais e redução de custos relacionados a serviços sociais e medicamentos.
- *Menores custos trabalhistas e soluções inovadoras.* Ao promover boas condições de trabalho, as empresas observam uma elevação nos níveis de motivação e produtividade e uma redução das taxas de absenteísmo e rotatividade.
- *As melhores práticas influenciam as legislações.* Empresas que constroem as melhores práticas sustentáveis e adquirem uma reputação mais aprimorada do que as de seus concorrentes e, por esta razão, influenciam os padrões exigidos em patamares legislativos.
- *A reputação organizacional.* O comprometimento com o desenvolvimento sustentável pode melhorar a reputação da organização e assegurar socialmente sua licença de operação, o que também auxilia na atração de talentos humanos para integrar a equipe de funcionários que compõem a empresa.
- *Vantagem mercadológica.* Mudanças em direção a uma cadeia de relacionamento mais integrada podem permitir a construção de relacionamentos

mais profundos com consumidores, o que, por consequência, pode gerar a captura de maiores valores pela provisão de serviços do que pela simples oferta de produtos.
- *Investidores éticos*. A rápida expansão dos movimentos de responsabilidade social e ética sobre os investimentos expõe mais um desafio para os investidores, os quais passam a optar por não investir em empresas que possuem práticas danosas ao meio ambiente e à sociedade.

Em síntese, percebe-se que, embora os desafios sejam grandes, os benefícios da sustentabilidade para as organizações suplantam efeitos individualistas e propagam-se por toda a sociedade, confirmando-se como um fenômeno de importância coletiva global.

Bases conceituais

Tanto no âmbito dos debates acadêmicos quanto no cenário empresarial, centenas de conceitos são propostos para fazer menção a uma gestão de negócios mais humana, ética e transparente. Não há definição única ou consensual para sustentabilidade organizacional (SO), porém os inúmeros autores que firmam seus estudos sobre o tema convergem na ideia básica de que as atividades econômicas das organizações devam ser desenvolvidas e condicionadas por um contexto socioambiental, o qual condiciona a qualidade e a disponibilidade de dois recursos fundamentais: o natural e o humano.

Entre as muitas proposições, a abordagem sistêmica de Passet (1996) ressalta a interdependência de três pilares principais inerentes ao sistema de compreensão e acontecimento da SO: o pilar econômico, o pilar ambiental e o pilar social.

> **O pilar econômico**. Ele abrange tópicos como competitividade, oferta de empregos, penetração em novos mercados e lucratividade voltada para o longo prazo. A sustentabilidade econômica é cada vez mais entendida como aquela que gera valor adicionado do que uma simples modalidade de contabilidade econômica. Os aspectos econômicos e financeiros da sustentabilidade podem abranger: redução dos custos operacionais por meio de recursos gerenciais sistêmicos; redução do custo de exercer a atividade foco do negócio por rigorosas políticas de integração; aumento da produtividade como consequência de uma mão de obra qualificada e

motivada; atração de mais investidores; e promoção de maior inclusão por índices de investimentos socialmente responsáveis (Jamali, 2006; Azapagic, 2003). Todavia, duas questões relacionadas ao escopo econômico são relevantes para as organizações: as preocupações de nível macro e as preocupações de nível micro. As de nível micro estão diretamente relacionadas ao desempenho econômico das organizações e incluem mensurações financeiras usuais, tais como volume de vendas, rotatividade do estoque, fluxo de caixa, lucros e quantidade de acionistas. As de nível macro se relacionam ao desempenho organizacional em comparação aos níveis nacionais e internacionais; elas são usualmente estruturadas pela avaliação de como a empresa contribui para o produto nacional bruto do país em que opera (Azapagic, 2003; Azapagic e Perdan, 2000). Dyllick e Hockerts (2002) consideram uma organização economicamente sustentável quando ela garante, em qualquer período de tempo, um fluxo de caixa suficiente para assegurar uma liquidez necessária, enquanto participa de um processo de produção que conflui no alcance de taxas de retorno diferenciadas a serem oferecidas aos acionistas que investem nas organizações. Os autores consideram, também, que a sustentabilidade econômica de uma organização indica que ela possui a capacidade de realizar suas atividades de maneira responsável e com lucratividade considerável.

> **O pilar ambiental.** Prioriza a análise de prevenção dos impactos gerados pelas organizações nos sistemas naturais compostos por seres vivos e não vivos (ecossistemas, terra, água e ar). A responsabilidade sobre o meio ambiente envolve mais do que conformidades com as regulamentações governamentais ou iniciativas como reciclagem ou utilização eficiente dos recursos energéticos. Essa abordagem inclui a avaliação dos produtos, dos processos e dos serviços de forma a eliminar gastos desnecessários, reduzir emissões elevadas e minimizar práticas que podem afetar o acesso das gerações futuras aos recursos naturais críticos (Jamali, 2006; O'Connor, 2006). De acordo com Azapagic (2003), muitas empresas já reconhecem os principais impactos ambientais gerados por suas atividades, principalmente pela implantação de um sistema de gestão ambiental. Para um melhor entendimento das questões ambientais e para a oferta de soluções mais efetivas, esses sistemas de gestão podem ser úteis para identificar as principais fontes de problemas ambientais

gerados por cada área do negócio (produção, transporte, compras etc.). Os impactos ao longo de toda a cadeia de suprimento devem ser considerados pela utilização de análises adequadas que contemplem o ciclo de vida de todos os produtos envolvidos no sistema de produção. Uma organização ambientalmente sustentável opta por utilizar recursos naturais que são consumidos em uma taxa abaixo de sua reprodução natural, ou a uma taxa inferior ao desenvolvimento de substitutos para esses recursos. Tais organizações não proferem emissões que se acumulam no meio ambiente em taxas maiores do que as capacidades de absorção e assimilação do sistema natural (Azapagic; Perdan, 2000; Azapagic, 2003; Dyllick e Hockerts, 2002; McDonough; Braungart, 2002).

> **O pilar social**. Contempla a análise da viabilidade social da organização. As expectativas dos diversos grupos relacionados às sociedades são genuinamente consideradas e balanceadas. O tópico social da SO incorpora questões relacionadas à saúde pública, questões de interesse ao bem-estar e à sobrevivência das comunidades, controvérsias públicas, competências e educação, justiça social, segurança no ambiente de trabalho, boas condições de trabalho, direitos humanos, oportunidades igualitárias e garantia aos direitos trabalhistas. Elas podem ser agrupadas nas seguintes categorias: desenvolvimento humano e bem-estar (educação, treinamento, saúde, segurança e desenvolvimento de competências gerenciais); equidade (salários, benefícios, igualdade de oportunidades e ausência de discriminação); e considerações éticas (direitos humanos, valores culturais, justiça intergeracional e justiça intrageracional) (McDonough; Braungart, 2002; Jamali, 2006; O'Connor, 2006).

Agregando informação aos pilares da sustentabilidade, Young e Tilley (2006) salientam que o modo como a comunidade empresarial lida com as questões ambientais e sociais passou por diferentes estágios ao longo dos anos, desde o gerenciamento de soluções apenas incrementais sobre o controle da poluição, passando pela percepção de redução de custos no gerenciamento ambiental e pela busca de eficiência e vantagem competitiva. Nesse sentido, Cheng, Fet e Holmen (2010) expõem que, em uma perspectiva macro, a SO pode ser vista como uma maneira de mobilizar o setor empresarial para contribuir com o desenvolvimento sustentável. Já por uma visão micro, implantar a SO se refere à construção de uma plataforma de aprendizado na qual a organização possa difundir visões econômicas, sociais e ambientais do nível estratégico para o operacional ao mesmo tempo em que seja capaz de agregar conhecimentos que permeiam estes três aspectos do nível operacional para o estratégico. Assim, a organização deve conseguir sustentar seu desempenho econômico ao desenvolver capacidades superiores que a diferencie de seus concorrentes.

Van Marrewijk e Werre (2003) afirmam que a SO se refere às atividades da empresa, voluntárias em tese, que demonstram a inclusão de aspectos sociais e ambientais às suas operações e interações com *stakeholders*. Os autores destacam que o conceito de SO, por ser ainda muito amplo e até mesmo vago, deve ser substituído por definições mais específicas, de forma equivalente aos níveis de desenvolvimento, consciência e ambição das organizações. Acrescentam que, pelo progresso do termo, a "SO" está próxima de uma definição clara e imparcial, necessária para estabelecer uma base sólida para seu desenvolvimento e sua implantação. Ademais, deve ser permitido a cada empresa optar pela abordagem de SO que seja mais coerente com seus objetivos, propósitos e estratégias, bem como mais apropriada às circunstâncias sociais nas quais atua e aos valores dominantes que a configura.

Para Dyllick e Hockerts (2002), a SO pode ser definida como o encontro das necessidades de *stakeholders* diretos e indiretos (funcionários, clientes, comunidades, grupos de pressão), sem que a capacidade de sustentar necessidades futuras seja comprometida. Vos (2007), ao deliberar acerca de uma definição da sustentabilidade em escala e contexto específicos, argumenta ser fundamental considerar os parâmetros sobre os quais foram delineados "o que" deve ser sustentado para futuras gerações, particularmente no que tange aos aspectos ambientais. É preciso ter em mente que conceituações influentes da sustentabilidade devem desfrutar de consenso em níveis organizacional, comunitário e social. Atualmente, ainda é improvável que em algum momento seja alcançada uma única definição para a questão "O que deve ser sustentado?". Pelo contrário, a concretização depende de que as novas definições sejam apoiadas nos paradigmas de integração e na análise dos *trade-offs*, uma vez que isso possibilitaria sua aplicação em diferentes contextos e tempos.

Pela consideração de que, ao exercer suas atividades, as organizações consomem não só recursos financeiros, mas também ambientais e sociais, Elkington (1999) propôs o relacionamento entre os três pilares da sustentabilidade (social, econômico e ambiental), conhecidos na literatura como *Triple Bottom Line* – TBL, o qual traduz uma perspectiva de análise da sustentabilidade cada vez mais aceita pela sociedade e pelas organizações. Conforme as afirmações de Dyllick e

Hockerts (2002), adeptos deste modelo, os três pilares possuem diferentes propriedades e por isso requerem diferentes abordagens. Laville (2009) comenta que a principal exigência desse modelo é a de que a organização não deve basear suas decisões em apenas um dos pilares, uma vez que tal fato pode acarretar no insucesso de qualquer estratégia organizacional de longo prazo. A Figura 4.1 apresenta o modelo elaborado por Dyllick e Hockerts (2002) com base no modelo do TBL.

Dyllick e Hockerts (2002) afirmam que, para atingir a sustentabilidade, as empresas devem alavancar seus capitais econômico, social e ambiental – inter-relacionando-os de forma que se influenciem mutuamente –, enquanto contribuem para o DS em seu domínio político. A partir da constatação de que as ações organizacionais não devem ser consideradas sustentáveis quando atenderem, ainda que eficientemente, apenas um ou outro pilar da sustentabilidade, emerge a necessidade de avaliá-las também de forma integrativa. O próprio conceito de SO proposto pelo TBL (Elkington, 1999) já prevê a integração e propõe que sua operacionalização seja simultânea e interativa. Nesse sentido, diversos autores, tais como Dyllick e Hockerts (2002) e Jamali (2006), apresentam argumentos que permitem convencionar e converter os pilares da SO em três sustentabilidades: organizacional econômica, organizacional ambiental e organizacional social. As três sustentabilidades tornam-se, então, sustentadoras e viabilizadoras da SO, logo, para alcançar o estado da sustentabilidade, uma organização deve, antes, desenvolver suas sustentabilidades econômica, ambiental e social, de maneira equilibrada, considerando *trade-offs* e conforme o contexto cultural da organização. Dyllick e Hockerts (2002), *vide* Quadro 4.1, ensaiam o que deve exigir cada uma das sustentabilidades componentes da SO.

FIGURA 4.1 | As três dimensões da sustentabilidade.

Sustentabilidade econômica

Sustentabilidade ambiental

Sustentabilidade social

Fonte: Dyllick; Hockerts (2002, p. 132).

QUADRO 4.1 | Sustentabilidade em contexto organizacional.

SUSTENTABILIDADE	O QUE BUSCAR?
Organizacional econômica	Fluxo de caixa garantido em qualquer tempo, de modo a ser suficiente para sua liquidez, enquanto produz retorno acima da média para seus *stakeholders*.
Organizacional ambiental	Utilização dos recursos naturais apenas em quantidade proporcional à reprodução natural, ou que possuam substitutos já desenvolvidos. Ademais, não causar emissões que possam acumular-se no meio ambiente em nível acima do por ele suportado e, ainda, não se envolver em atividades que degradam os serviços do ecossistema.
Organizacional social	Agregar valor para as comunidades nas quais estão inseridas no sentido de desenvolver o capital humano de parceiros individuais, assim como de promover o desenvolvimento do capital social dessas comunidades. As empresas devem administrar seu capital social de modo que seus *stakeholders* possam entender suas motivações e também concordar com seu sistema de valor.

Fonte: Dyllick e Hockerts (2002).

Embora o TBL aparente coerência com as necessidades organizacionais, várias são as críticas encontradas a seu respeito. Norman e MacDonald (2003), por exemplo, apresentam uma postura relativamente cética em relação às promessas do TBL e, embora afirmem apoiar algumas de suas premissas, argumentam que as bases conceituais e práticas dessa linguagem prometem mais do que podem entregar. Na concepção desses pesquisadores, diversos defensores da abordagem do TBL parecem conceber sua definição em uma variedade de formas, seu significado raramente apresenta exatidão e clareza, sendo possível somente encontrar vagas reflexões sobre os reais objetivos da abordagem do TBL. Reconhece-se que o TBL constitui uma abordagem necessária de ser incrementada, principalmente no sentido de sua operacionalização, todavia, esta é uma das poucas abordagens que consegue estar presente nos contextos organizacionais, em razão de sua complexidade inerente (Elkington, 1999; Van Bellen, 2004; Dyllick e Hockerts, 2002; Huppes, Ishikawa, 2005).

Para além do TBL, inúmeros outros trabalhos foram e continuam a ser desenvolvidos. O próprio estudo conduzido por Dyllick e Hockerts (2002), com base nas três sustentabilidades da SO, apresenta seis critérios determinantes para o acontecimento da SO: ecoeficiência; ecoeficácia; socioeficiência; socioeficácia; suficiência e equidade ecológica. Em síntese, percebe-se que organizações privadas que almejem de fato a sustentabilidade devem necessariamente satisfazer esses seis critérios apontados, contudo, a extensão e a importância dadas a cada um deles variarão conforme o tempo e o contexto.

De forma semelhante, McDonough e Braungart (2002) desenvolveram o modelo *triple top line*, um modelo de triângulos fractais em que cada vértice representa uma âncora que opera como espectros de valor, economia, ecologia e equidade, respectivamente. O conceito do *triple top line* exige que as empresas saiam de uma óptica puramente contábil e migrem para uma visão de negócios orientada pelo *design* dos processos. O objetivo é promover uma nova metodologia para realizar, na qual os processos e serviços industriais são tão inteligentemente desenhados que não precisam ser regulamentados. Em vez disso, criam inúmeros efeitos positivos e uma pegada ecológica benéfica.

Tendo em vista estes dois trabalhos, Young e Tilley (2006) elaboraram um modelo cuja finalidade é avançar no que tange ao empreendedorismo sustentável, bem como seu relacionamento com os vários polos do empreendedorismo econômico, ambiental e social, que culminam em novos elementos. Na concepção desses autores, a grande distinção do referido modelo é que, por não ser apenas uma abordagem integradora que reúne os componentes do desenvolvimento sustentável, prevê que os empreendedorismos social, ambiental ou econômico possuem primazia, a qual acaba por dificultar o caminho das organizações à sustentabilidade.

Semelhanças, avanços ou limitações à parte que estes três trabalhos possam conter, vale ressaltar, talvez, a grande contribuição auferida por eles. Trata-se das proposições de componentes da SO, os quais, muitas vezes, são negligenciados ou tratados de maneira equivocada por acadêmicos e empresários. Dyllick e Hockerts (2002), bem como Young e Tilley (2006), postulam que a ecoeficácia considera a prosperidade ambiental em longo prazo, sugere que as soluções empresariais devem ser sustentáveis, reparadoras e regenerativas, além de eficientes. A socioeficácia enfatiza a missão social das organizações privadas ao preconizar que a condução dos negócios deveria ser julgada não em escala relativa, mas preferencialmente em relação ao impacto social positivo absoluto que pode ser atingido. Já a suficiência concerne ao consumo, considerado antes como uma escolha individual, e não como responsabilidade única da empresa. A despeito de reconhecida a necessidade de melhor desenvolvimento desses termos, acredita-se que grandes contribuições podem advir da sua adoção teórica e prática sobre os esforços em prol da sustentabilidade nas organizações.

Considera-se aqui factível que cada decisão organizacional está relacionada e possui impacto sobre os três sistemas em evidência. Todos participam de igual relevância e requerem considerações igualitárias sobre suas problemáticas. Ao se movimentar para cada zona dos triângulos, pela realização de questionamentos coerentes, as soluções emergem e maximizam a agregação de valor nas três esferas valorizadas. A Figura 4.2 compara esses três modelos conceituais.

Outro trabalho que tem por base a abordagem do TBL e que também avança na modelagem conceitual da sustentabilidade em contexto organizacional é o de Van Marrewijk e Werre (2003), no qual é apresentada a "matriz da sustentabilidade", que contém seis tipos ou níveis de desenvolvimento da SO, cada um deles fomentado por arranjos institucionais específicos. O objetivo dos autores é oferecer uma abordagem holística, multidisciplinar e multidimensional com vis-

FIGURA 4.2 | Os modelos utilizados para a interligação dos pilares da SO.

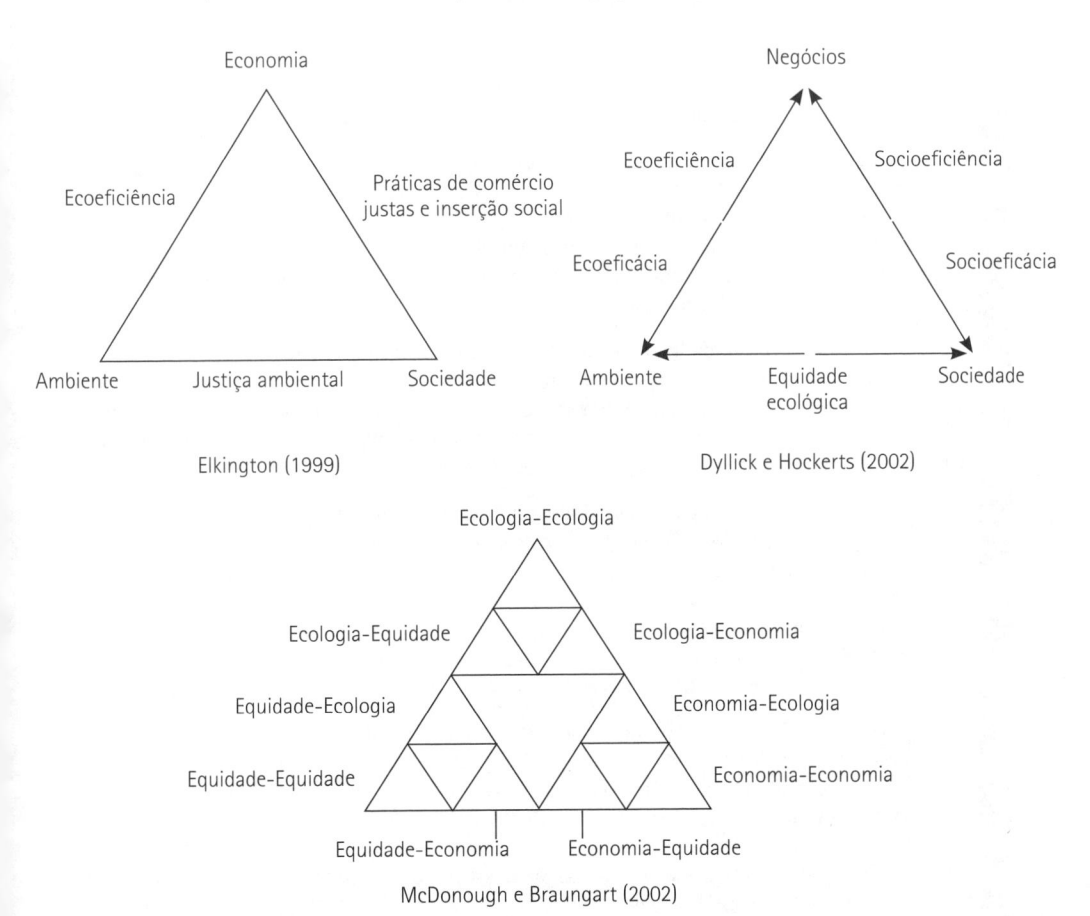

Elkington (1999) — triângulo com vértices: Economia, Ambiente, Sociedade; lados: Ecoeficiência, Práticas de comércio justas e inserção social, Justiça ambiental.

Dyllick e Hockerts (2002) — triângulo com vértices: Negócios, Ambiente, Sociedade; lados: Ecoeficiência, Socioeficiência, Equidade ecológica; interno: Ecoeficácia, Socioeficácia.

McDonough e Braungart (2002) — triângulo subdividido com vértices: Ecologia-Ecologia, Equidade-Equidade, Economia-Economia; e elementos: Ecologia-Equidade, Ecologia-Economia, Equidade-Ecologia, Economia-Ecologia, Equidade-Economia, Economia-Equidade.

Fonte: Elaborado por Souza (2010) a partir de Elkington (1999); Dyllick, Hockerts (2002); McDonough, Braungart (2002).

tas à gestão e às operações das organizações, considerando as dimensões social, ambiental e econômica. Os seis níveis abarcados pela matriz da sustentabilidade (expostos na Figura 4.3) são, de forma crescente em relação à complexidade: (1) pré-sustentabilidade empresarial; (2) sustentabilidade empresarial em conformi-

FIGURA 4.3 | Matriz da sustentabilidade – Níveis de SO.

1	**Pré-sustentabilidade empresarial** Neste padrão, não se observa qualquer ambição para se alcançar a SO. No entanto, algumas ações rotuladas como sustentáveis podem ser iniciadas quando exigidas por pressões externas (legislações e exigência dos consumidores). Um monitoramento rígido e constantes aprimoramentos são necessários a fim de que a empresa possa desenvolver o que entende sobre SO.
2	**A sustentabilidade empresarial em conformidade com a legislação** Neste padrão de qualificação, a SO consiste na provisão de bem-estar para a sociedade dentro dos limites previstos por normatizações legais. Além disso, as organizações precisam responder a algumas demandas de caridade e reivindicações oriundas de atores sociais diversos. A sustentabilidade é estimulada por imposições, obrigatoriedades e por ser admitida como um comportamento correto.
3	**A sustentabilidade empresarial orientada pelo lucro** Este padrão de SO é caracterizado por uma integração dos aspectos sociais, éticos e ambientais junto às operações realizadas pelas empresas, ou seja, junto aos seus processos de tomada de decisões, desde que tal opção contribua com algum retorno financeiro para a organização. A SO é estimulada por uma relação direta com o desenvolvimento financeiro do negócio. A SO, portanto, apenas será promovida se for rentável.
4	**A sustentabilidade empresarial consciente (focada na conservação)** Neste padrão, existe um interesse por equilibrar questões econômicas, sociais e ambientais, todas colocadas em um mesmo patamar de importância. As iniciativas relacionadas a esta SO vão além das conformidades legais e não se limitam às preocupações sobre os lucros. A SO é estimulada pelo potencial humano, pela responsabilidade social das empresas e pelo cuidado com o planeta.
5	**Sustentabilidade empresarial sinérgica** Este padrão de SO busca por soluções funcionais e bem elaboradas que criem valor nos escopos econômicos, sociais e ambientais. Esta *performance* é evidenciada por diferentes índices de desempenhos organizacionais, os quais são conquistados por uma abordagem de ganho mútuo participada por todos os *stakeholders* mais relevantes da cadeia de relacionamento da organização. A SO é estimulada pelo reconhecimento da sustentabilidade como um fenômeno importante por si só, especialmente por ser compreendida como uma ação inevitável para o progresso da empresa.
6	**Sustentabilidade empresarial holística** Este padrão identifica que a SO está extremamente integrada e embutida em cada um dos aspectos envolvidos aos processos de gestão e, por isso, visa contribuir para a qualidade, manutenção e continuação da vida de todos os seres e instituições, tanto no presente quanto no futuro. A SO é estimulada pelo ato de observar a sustentabilidade como a única alternativa de resposta à crise do meio ambiente. Assim, cada pessoa e organização possui uma responsabilidade universal para com todos os outros seres vivos do planeta.

Fonte: Traduzido de van Marrewijk e Werre (2003).

dade com a legislação; (3) sustentabilidade empresarial orientada pelo lucro; (4) sustentabilidade empresarial consciente; (5) sustentabilidade empresarial sinérgica; e (6) sustentabilidade empresarial holística.

Para cada um dos níveis, van Marrewijk e Werre (2003) elencam características em relação às percepções do ambiente (condições de vida) e às ambições das empresas, no que tange à SO. Além disso, é destacado que o nível de complexidade do sistema de valor é acompanhado pela complexidade percebida do ambiente. Segundo explicam os autores, cada nível dessa hierarquia inclui e transcende o anterior. A qualquer organização é permitida a escolha entre níveis de ambição com base na sua consciência das circunstâncias sociais e do sistema de valor nela vigente. Ademais, cada um dos níveis implica práticas empresariais e desenvolvimento institucional correspondente, de modo a demonstrar distintos patamares de SO. Van Marrewijk e Werre (2003) esclarecem que níveis mais altos de SO não significam, necessariamente, que sejam melhores em si, mas que são mais complexos.

Percebe-se que a SO deve ser algo realmente compreendido pelo contexto, em que cada empresa tende a adotar o nível que melhor se configura com seus objetivos e estratégias, bem como com seus níveis de racionalidade. Todavia, quando as circunstâncias sociais mudam de modo a demandar adequações das organizações, estas se veem imbuídas a realinhar suas instituições de gestão (missão, visão, políticas) a esta nova orientação. Este fato, por sua vez, implica o surgimento de uma série de novas estratégias baseadas em um novo conjunto específico de valores, mais complexos, o qual deve refletir a conscientização e o novo entendimento da empresa a respeito da sustentabilidade. Van Marrewijk (2003), neste viés, enfatiza que as empresas que almejam continuar a aprimorar a qualidade de suas atividades voltadas à sustentabilidade devem ter em vista as exigências atuais e futuras em relação aos funcionários e fornecedores, devendo, assim, ter acesso aos parâmetros universais orientadores. Daí a importância de as empresas se conscientizarem do que são e do que poderiam/deveriam ser.

Van Marrewijk e Werre (2003) salientam ainda que quando as possibilidades ofertadas por um determinado sistema de valor já não se mostram suficientes para prover respostas adequadas às demandas ambientais, incentiva-se a transição para o próximo sistema de valor. O aumento da complexidade exige um sistema mais complexo para o enfrentamento das situações, o qual, por sua vez, necessita de maiores graus de flexibilidade, a fim de lidar apropriadamente com as circunstâncias, criar sinergia e agregar valor em altos níveis de complexidade. Por outro lado, na medida em que a instabilidade aumenta, a complexidade também se torna elevada e pode levar ao declínio nos sistemas de valor, por causa das circunstâncias desfavoráveis ou à incompetência da própria empresa. A figura no Anexo 1 denota o relacionamento dos seis sistemas de valores em diferentes setores da administração que podem servir de parâmetros para a definição e medição da sustentabilidade em seus diferentes níveis de complexidade.

Percebe-se que a sustentabilidade em contexto organizacional deve agregar a responsabilidade de inserir preocupações relacionadas ao desenvolvimento sustentável em decisões estratégicas (van Marrewijk, 2003). Munck e Souza (2009) argumentam que ações organizacionais sustentáveis são aquelas responsáveis por causar o menor impacto ambiental possível por meio de atividades operacionais que estejam simultaneamente preocupadas em promover um desenvolvimento socioeconômico que propicie a sobrevivência de gerações presentes e futuras. Mesmo sendo a SO específica a cada organização que a desenvolve, estabelece-se um consenso de que ela é um tema inserido em um âmbito global de discussões, no qual a maior relevância está em satisfazer as necessidades humanas básicas. Em suma, a SO é compreendida como uma série de políticas interligadas às atividades organizacionais e às tomadas de decisões, com o objetivo de garantir que as organizações maximizem os impactos positivos de suas atividades em relação à sociedade e, ainda, de que elas exerçam suas atividades por métodos que contemplem a imprescindibilidade de suprir ou exceder as expectativas éticas, legais, comerciais e públicas que as sociedades possuem em relação às organizações.

Vistas as principais bases conceituais da SO, a seguir serão apresentados alguns modelos que viabilizam a sua operacionalização, com o intuito de analisá-los à luz do que até agora foi desenvolvido, além de, posteriormente, apresentar alguns desafios e oportunidades a partir da análise desses modelos.

Modelos para implantação da sustentabilidade nas organizações

Quando se busca por abordagens, modelos e ferramentas utilizados para implantar uma gestão alinhada aos preceitos da sustentabilidade empresarial, o que mais aparece é a adoção e a aplicação de ferramentas mais próximas dos sistemas de gestão ambiental (SGAs). Todavia, a SO vai além desses modelos. Com essa observação em mente, serão apresentados alguns modelos, encontrados na literatura internacional e nacional, que propõem parâmetros para a gestão da sustentabilidade nas organizações.

Stubbs e Cocklin (2008) frisam que, embora haja um vasto campo de publicações na literatura científica acerca da sustentabilidade, a compreensão desse fenômeno para o meio empresarial, assim como a ocorrência de sua operacionalização por meio de modelos de gestão ainda não se apresentam em volume e qualidade significativos. Como salientado na introdução, são poucos os estudos que buscam desenvolver, relatar e/ou aplicar algum tipo de modelo de gestão da sustentabilidade e, em geral, os que o fazem, frequentemente, não possuem originalidade, limitam-se apenas a reproduzir mais do mesmo sem uma referência ou padrão que indique avanços e fragilidades.

Com a intenção de identificar avanços e também analisar fragilidades com base em parâmetros conceituais de referência, foram selecionados cinco modelos que buscam a operacionalização da sustentabilidade nas organizações, desenvolvidos em várias localidades e anos diferentes. O Quadro 4.2 elenca a nomenclatura dos modelos analisados, seus respectivos autores e a sua origem. Na sequência, dar-se-á início às suas descrições.

QUADRO 4.2 | Modelos de gestão da sustentabilidade em análise.

Modelos de gestão da sustentabilidade	Autores/Referência	Origem
Sistema de Gestão da SO – SGSO	Azapagic (2003)	Reino Unido
Rede Corporativa Sustentável Local – SLEN	Wheeler et al. (2005)	Reino Unido
Balanced Scorecard Hexagonal – BSH – *Framework* conceitual de uma abordagem integrada para a SO	Cheng, Fet e Holmen (2010)	Noruega
Síntese Socioeconômica – SSE	Molteni e Pedrini (2010)	Itália
Framework representativo do acontecimento da SO – FRASOR	Munck, Munck e Borim-de-Souza (2011)	Brasil

Fonte: Elaborado pelo autor.

Sistema de Gestão da Sustentabilidade Corporativa – SGSO

O primeiro modelo a ser apresentado foi desenvolvido por Azapagic (2003). Para o autor, alcançar a SO não é uma tarefa trivial, envolve visão, comprometimento e liderança. Bem, por isso, há a necessidade de facilitar a convergência e padronização de abordagens para sua gerência. Para o autor, a sustentabilidade é o atendimento conjunto de três aspectos: contribuição econômica, *performance* ambiental e responsabilidade social. Sintetizou sua proposta a partir de um *framework*, apresentado na Figura 4.4.

Percebe-se que o sistema de gestão da sustentabilidade organizacional – SGSO – emerge e é incorporado à visão e estratégia de negócios. Ele concebe a

FIGURA 4.4 | Sistema de gestão da SO.

- Liderança e comprometimento para a sustentabilidade
- Identificação de ameaças e oportunidades
- Identificação dos *stakeholders*
- Identificação de questões de sustentabilidade
- Definição política e alinhamento com a estratégia do negócio

- Revisão do progresso
- Ação corretiva
- Buscar melhoria contínua

1. Política de desenvolvimento sustentável
2. Planejamento
3. Implementação
4. Comunicação
5. Revisão e ação corretiva

Visão e estratégia de negócios

- Instituir a linha de base
- Análise SWOT
- Fixação dos objetivos e metas
- Desenvolvimento do plano de ação
- Identificar responsabilidades e pessoas-chave
- Identificação de recursos

- Comunicação interna: empregados
- Comunicação externa: relatório de sustentabilidade

- Identificar ações prioritárias
- Alinhar as prioridades do negócio com as da sustentabilidade
- Identificar projetos específicos
- Identificar ferramentas apropriadas
- Mensurar e monitorar formação, sensibilização e motivação
- Superar as barreiras

Fonte: Traduzido de Azapagic (2003, p. 305).

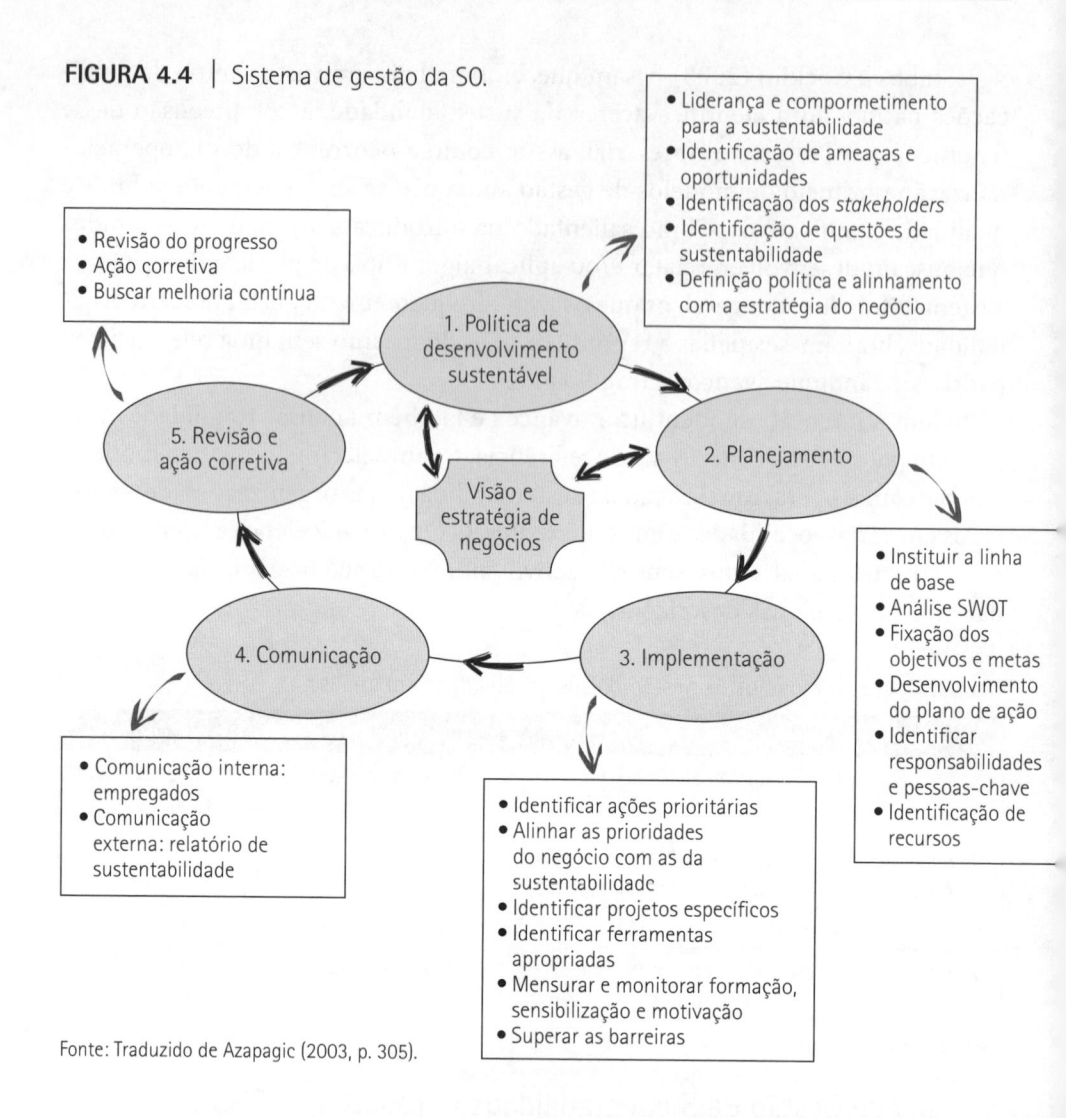

sustentabilidade como uma ferramenta "guarda-chuva", que auxilia na identificação e gerenciamento dos riscos econômicos, ambientais e sociais de maneira integrada. Nesse sentido, o sistema compreende cinco estágios interligados. Nas duas primeiras fases, ocorrem a definição da política de desenvolvimento sustentável e seu planejamento, respectivamente; a terceira etapa corresponde à implantação do sistema de gestão; a quarta etapa refere-se à comunicação das políticas e processos envolvidos; e, por fim, a quinta fase diz respeito à revisão e correção do sistema.

O primeiro passo, relacionado diretamente à visão e estratégia de negócios, refere-se à política de desenvolvimento sustentável, a qual envolve a demonstração do comprometimento das lideranças com a sustentabilidade, a identificação de ameaças e de oportunidades, dos *stakeholders* e, também, das questões envoltas às sustentabilidades (econômica, ambiental e social). Além disso, deve haver definição política e alinhamento com a estratégia e visão do negócio. A segunda etapa do sistema de gestão da SO é o planejamento, no qual são necessárias a realização de uma análise SWOT da sustentabilidade e a definição de objetivos e metas para o desenvolvimento de um plano de ação. Ademais, no planejamento há a identificação do quadro de pessoal necessário e atribuição de responsabilidades, assim como a especificação e alocação de recursos.

O terceiro passo envolve a implantação do sistema de gestão da SO, a qual inclui mudanças na cultura organizacional e nas atitudes dos funcionários. Nessa fase, iniciam-se as ações prioritárias para se alcançar a sustentabilidade de forma a alinhar as prioridades da sustentabilidade com as prioridades da organização. A identificação de ferramentas apropriadas é importante nesse estágio, pois serão usadas como auxílio na implantação da estratégia de sustentabilidade. Para tanto, fazem-se necessários a mensuração e o monitoramento, bem como a sensibilização, formação e motivação de todos os envolvidos. O quarto passo concerne à comunicação organizacional, tanto em âmbito interno quanto externo. O progresso do sistema precisa ser comunicado para todos os funcionários periodicamente, uma vez que precisam estar conscientes e ter acesso aos relatórios anuais de sustentabilidade produzidos. Já a comunicação externa contribui para manter a transparência e para responder a questões emergentes e pressões.

Por fim, o quinto e último passo se refere à revisão e ação corretiva. Nesse estágio, faz-se uma revisão a fim de observar se os objetivos e metas foram alcançados. Caso não tenham sido alcançados, os motivos de tal ocorrência precisam ser claramente identificados e ações corretivas apropriadas devem ser tomadas. Por outro lado, se os objetivos forem atingidos e comunicados claramente, o processo começa novamente com a revisão e o realinhamento da política com as estratégias do negócio.

É importante ressaltar que, na concepção de Azapagic (2003), a SO não é uma "adição", precisa ser parte integral dos negócios e ter o comprometimento da alta cúpula da organização.

Rede Corporativa Sustentável Local (RCSL)

Segundo Wheeler et al. (2005), o *SLEN* (sigla em inglês) tem por finalidade descrever a maneira pela qual iniciativas sustentáveis em países em desenvolvimento podem prosperar em ambientes de redes baseados na confiança.

Os autores examinaram 50 casos de empresas aparentemente bem-sucedidas, autossuficientes e sustentáveis – com atividades baseadas nos países em desenvolvimento. O estudo mostrou que as empresas compõem densas redes entre organizações privadas, comunidades locais, organizações sem fins lucrativos, entre outros atores, nas quais as atividades são autogeridas de forma que criem valor em termos econômicos, sociais, humanos e ecológicos. Cinco importantes tópicos foram definidos como características dos atores inseridos no modelo *SLEN*: âncora financeira; missão social extensiva; resultados sustentáveis; investimento exógeno e objetivos variados dos participantes.

A identificação de uma âncora financeira nas redes é importante para o desenvolvimento do modelo *SLEN* à medida que permite assegurar sua sustentabilidade financeira. Ainda que de portes distintos (micro, pequenas, médias empresas ou multinacionais), empresas com missões sociais ostensivas são, com frequência, uma parte integral das redes. As redes fornecem uma oportunidade para empresas, comunidades, indivíduos, governos, agências desenvolvimentistas e ONGs de reconhecer uma base de ativos compartilhados e construir um ciclo virtuoso de ativos crescentes e resultados sustentáveis. Estes últimos podem ser classificados em quatro categorias:

(1) lucros e retornos seguros em investimentos;
(2) desenvolvimento econômico local e comercial;
(3) aumento da qualidade de vida humana e ecológica; e
(4) independência econômica individual e comunitária.

O investimento exógeno é construído a partir de ativos já existentes em quatro categorias: capital humano, capital social, capital financeiro e capital ecológico. Essas categorias não são exatamente necessárias para a expansão da rede, mas estão presentes de alguma forma. O reabastecimento de recursos ou o reinvestimento deve ocorrer para que a rede cresça e se torne independente. Por fim, no modelo *SLEN,* todos os participantes concordam com o primeiro propósito da rede: a colaboração. Isto permite que existam poucas agendas normativas e, consequentemente, não oprime os participantes a nenhum constrangimento ideológico. O valor e os resultados obtidos por meio da rede diferem para cada participante, conforme o que for considerado mais importante para ele. A Figura 4.5 representa o modelo.

De maneira geral, investimentos nos ativos humano, social, financeiro e ecológico precisam ser simultâneos e coordenados a fim de maximizar o impacto da

FIGURA 4.5 | O modelo de Redes Corporativas Sustentáveis Locais (*SLEN*).

REINVESTIMENTO

INVESTIMENTO (endógeno e exógeno)
- Capital humano
- Capital social
- Capital financeiro
- Capital ecológico

Rede corporativa sustentável local
- Empresários
- Desenvolvimento do setor
- Investidores
- Negócios locais sustentáveis
- Comunidade
- Corporações
- Governo

Resultados sustentáveis
- Lucros e retornos confiáveis sobre investimentos
- Desenvolvimento econômico local e comércio
- Qualidade de vida (desenvolvimento humano e valorização ecológica)
- Autossuficiência individual e comunitária (meios de subsistência sustentáveis)

Fonte: Wheeler et al. (2005, p. 39).

formação de *SLENs*. Para tanto, serão necessários altos níveis de cooperação entre agências internacionais, governos, empresas multinacionais, grandes empresas nacionais em países em desenvolvimento, entre outros. Wheeler et al. (2005) salientam que estes atores deverão pensar em si mesmos e não mais apenas em suas funções políticas, mas também como construtores de redes, construtores de capacitação, incubadores de rede e inovadores, líderes e disseminadores de aprendizados. Em síntese, os atores principais precisarão exemplificar o mesmo tipo de mentalidade e comportamentos empresariais, flexíveis e resilientes observados nas melhores redes empresariais locais sustentáveis.

Balanced Scorecard Hexagonal – BSH – Framework representativo de uma abordagem conceitual integrada para a SO

O terceiro modelo de SO a ser apresentado é descrito por Cheng, Fet e Holmen (2010). As autoras identificam que como alicerces para um quadro integrado de Sustentabilidade Corporativa deve-se usar o *Balanced Scorecard* (BSC) e o Mapa Estratégico de Kaplan e Norton (1996, 2000), sistemas internos de gestão que contêm medidas de resultado em quatro perspectivas: financeira, cliente, processos internos e aprendizado e crescimento.

Com foco específico na representação visual do hexágono (Figura 4.6), a sua metade inferior representa os ativos intangíveis da empresa. O ciclo é iniciado na parte inferior direita, com a perspectiva "aprendizagem e crescimento" com foco nos funcionários, suas habilidades e conhecimentos, por meio de treinamentos e desenvolvimento de competências. No sentido horário, a perspectiva de aprendizado e crescimento leva à perspectiva "processos internos", centrada na qualidade e produtividade dos processos internos da empresa. A próxima conexão lógica é a perspectiva "cliente", que focaliza clientes diretos e consumidores finais, e a oferta de valor único.

A próxima conexão ocorre na metade superior do hexágono, a qual delineia a abordagem do *triple bottom line*. A perspectiva "ambiental" é a conexão lógica com a perspectiva "clientes", em razão do pressuposto de que os produtos e processos são desenvolvidos em consideração ao desempenho ambiental da organização. Já a perspectiva "financeira" é orientada tanto pela perspectiva "ambiental" quanto "social", visando lembrar os gestores de que os processos e conteúdos estratégicos devem envolver ambas as perspectivas, sem perder de vista o desempenho econômico. Por fim, a perspectiva "social" é orientada em sentido anti-horário pela perspectiva "aprendizado e conhecimento", e possui foco no planejamento estratégico em termos de transformar problemas sociais emergentes tanto da comunidade local quanto da sociedade em geral.

A partir destas seis perspectivas, é elaborada a abordagem de *BSH* integrada para a SO, composta por quatro subsistemas, como mostra a Figura 4.6, a seguir.

O ciclo estratégico de sistema de gestão representado na Figura 4.6 é iniciado pelo "sistema de planejamento estratégico", no qual é permitido à organização **construir** uma plataforma de aprendizagem, a fim de efetivamente utilizar o meio ambiente e a sociedade como direcionadores de recursos e de desenvolvimento de capacidades. Com objetivos estratégicos formulados, a organização precisará **difundi-los** pelas seis perspectivas a partir da comunicação vertical e horizontal em cada unidade de negócio, por meio do "sistema de comunicação estratégica".

Passando para o "sistema de gestão do desempenho", as definições de objetivos para cada unidade de negócio são traduzidas em indicadores de desempenho específicos, com a finalidade de integrar as unidades de sistema na organização. As lacunas entre os desempenhos planejado e ocorrido são identificadas para permitir que a organização **aprenda** e seja aprimorada. No final do ciclo está o "sistema de avaliação da sustentabilidade" em que dados sobre desempenho e falhas na organização são designados em indicadores de desempenho interno e externo. Como parte do ciclo, a organização adapta sua estratégia e realinha seus recursos a fim de **sustentar** seu desempenho.

CAPÍTULO 4 – SUSTENTABILIDADE NAS ORGANIZAÇÕES: BASES CONCEITUAIS E MODELOS DE GESTÃO

FIGURA 4.6 | *BSH – Framework* conceitual de uma abordagem de integrada para a SO.

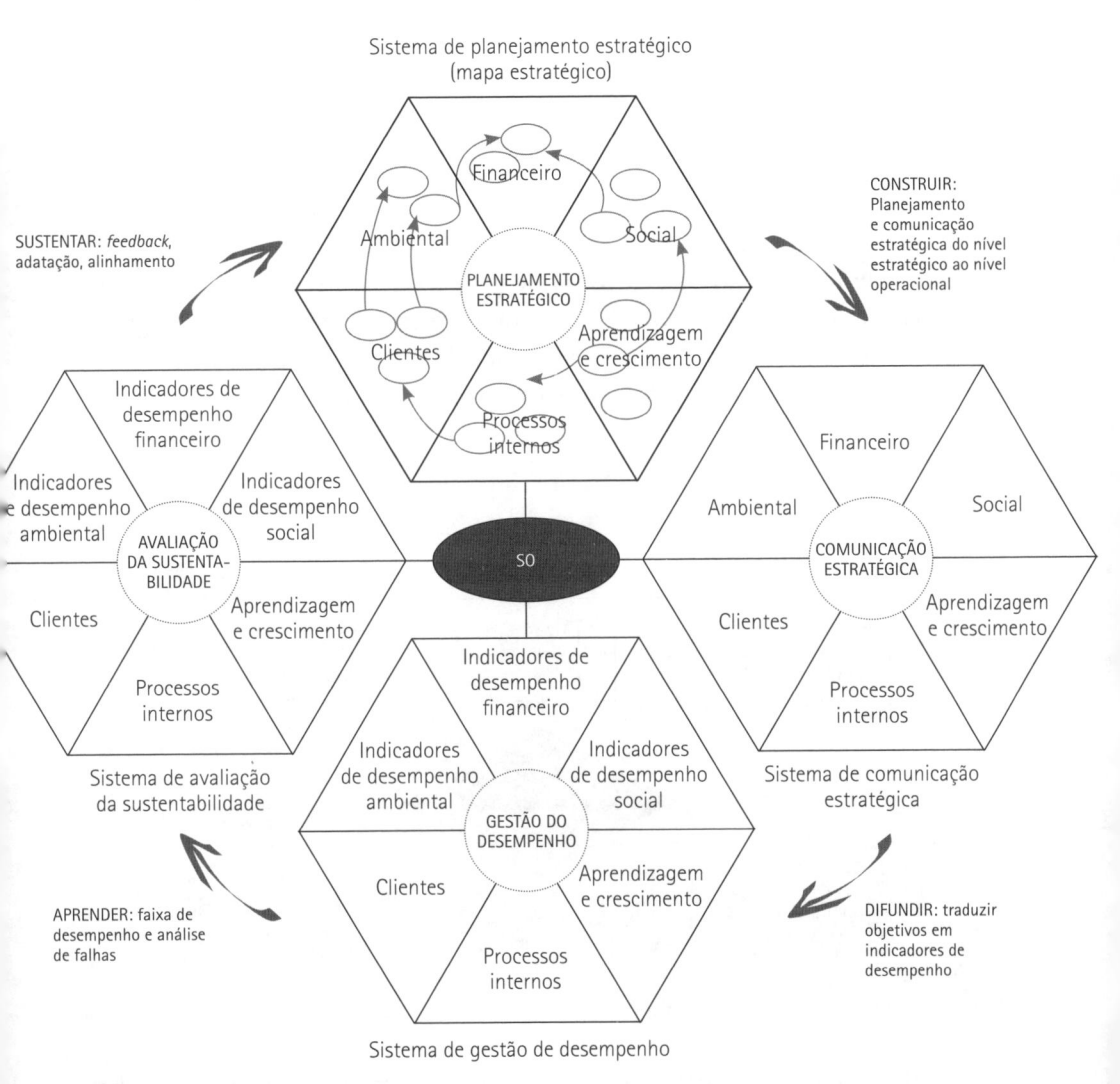

Fonte: Traduzido de Cheng, Fet e Holmen (2010, p. 10).

No contexto do *framework*, os objetivos estratégicos são desenvolvidos em nível localizado, unidade de negócios e nível individual para facilitar a coordenação e cooperação entre eles. Assim, a comunicação estratégica e o aprendizado são a espinha dorsal do *framework* conceitual da abordagem Hexagonal Integrada BSC para a SO. Por fim, a implantação da SO significa torná-la real na estratégia e nas operações. Ao mesmo tempo, a execução também implica o aprendizado e o desenvolvimento de capacidades de ordem superior (Cheng; Fet; Holmen, 2010).

Síntese Socioeconômica – SSE

O quarto modelo propositivo da operacionalização da SO é o elaborado por Molteni e Pedrini (2010). De acordo com os autores, a Síntese Socioeconômica compreende soluções práticas que combinem alta competitividade e desempenho econômico com ótimos desempenhos sociais e ambientais. Por esta síntese, os autores entendem novas soluções que proporcionem respostas efetivas a expectativas de grupos de *stakeholders*, para além das exigências legais, que contribuam para o aumento da competitividade, lucratividade e para o sucesso no longo prazo da organização. A Figura 4.7 ilustra este modelo.

FIGURA 4.7 | Síntese socioeconômica.

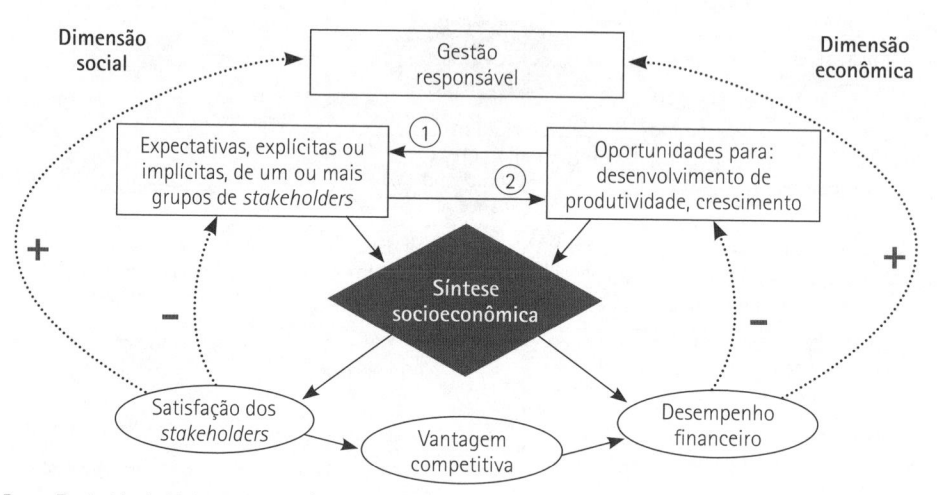

Fonte: Traduzido de Molteni e Pedrini (2010, p. 628).

Molteni e Pedrini (2010) chamam a atenção para os efeitos de *feedback* presentes na síntese socioeconômica, que a equilibra e reforça. Em primeiro lugar, há dois processos de equilíbrio, dado que a vantagem competitiva alcançada auxilia possíveis aproximações das lacunas entre estratégia planejada e estratégia realizada, bem como em relação à satisfação de *stakeholders*. Esse efeito de equilíbrio explica por que a síntese socioeconômica tende a perder o seu valor ao longo do tempo, considerando os pontos de vista competitivo e social, tornando-se uma mera condição de trabalho da empresa. O valor diferencial das sínteses socioeconômicas também tende a diminuir, por causa do processo de concorrência que a cultura corporativa tende a gerar. Assim, há a necessidade de contínuo relançamento, trabalhando em novos projetos com suas próprias características socioeconômicas. Em segundo lugar, há dois processos de reforço, visto que melhores resultados econômicos aumentam a disponibilidade de recursos financeiros. Portanto, ambos os processos de equilíbrio e de reforço alimentam o desenvolvimento da organização e aumentam a vontade de satisfazer as necessidades dos *stakeholders* de maneiras completamente diferentes.

Na concepção de Molteni e Pedrini (2010), a síntese socioeconômica concerne uma vasta gama de elementos organizacionais, desde processos únicos a orientações estratégicas. Os autores, então, fornecem uma classificação das soluções promovidas pela síntese socioeconômica, com sete níveis crescentes. Nos níveis inferiores, as soluções são de caráter genérico, sendo aplicáveis em diversas organizações e decididas por níveis gerenciais medianos, já nos níveis superiores, as soluções oferecidas são mais específicas, decididas por níveis gerenciais de alta cúpula. Na sequência são pontuados cada um dos níveis e suas descrições no Quadro 4.3.

QUADRO 4.3 | Níveis das soluções promovidas pela síntese socioeconômica.

Nível 1 Microações	Gestores são capazes de combinar impactos positivos sociais ou ambientais com benefícios econômicos. Por exemplo, adoção de lâmpadas frias e/ou uso de sensores de aproximação.
Nível 2 Iniciativas funcionais	Soluções inseridas na funcionalidade organizacional que possuem um amplo impacto nas microações. Por exemplo, introdução de enfermaria na empresa.
Nível 3 Iniciativas transversais	Envolve mais funções e mais negócios da empresa. Por exemplo, política global de economia de energia.
Nível 4 Estratégias funcionais	Todas as atividades que pertencem a uma função da empresa são interpretadas a partir da dimensão socioambiental. Por exemplo, políticas de gestão de recursos humanos que produzem benefícios para o funcionário e para o desempenho financeiro da empresa.
Nível 5 Negócios sociais e/ou ambientais	Negócios em que impactos sociais e/ou ambientais são centrais para a estratégia competitiva da empresa. Por exemplo, lançamento de produtos que visam à satisfação de necessidades de um grupo social fraco.
Nível 6 Perfil da empresa	Abordagem sinérgica entre o desempenho econômico e resultados socioambientais que inspira o perfil da organização. Por exemplo, dispersão da empresa em uma localidade rural em detrimento de sua concentração.
Nível 7 Identidade da empresa	A orientação social e/ou ambiental constitui o ponto central da identidade da empresa. Todas as decisões são tomadas conforme este critério.

Fonte: Traduzido de Molteni e Pedrini (2010).

Molteni e Pedrini (2010) advertem que, quando a síntese socioeconômica ocorre em níveis inferiores, tende a ser mais facilmente imitada por diferentes organizações. Contrariamente, as soluções oferecidas pelos níveis superiores da síntese socioeconômica podem ser imitadas, mas com muito mais dificuldade, em razão de sua especificidade. Na visão dos autores, o modelo da síntese socioeconômica pode ser utilizado em duas circunstâncias diferentes: para avaliar se um processo ou uma estratégia é realmente virtuoso e para estimular inovações designadas para o bem comum. Em suma, o modelo da síntese socioeconômica fornece orientação e auxílio aos gestores para a prática da sustentabilidade. Simultaneamente, este modelo demanda das pessoas que busquem pelo bem comum e capacidades e criatividade suficientes para superar conflitos e encontrar novas soluções.

Framework representativo do acontecimento da SO – FRASOR

Munck, Munck e Borim-de-Souza (2011), ao buscarem por uma teoria que permitisse contemplar um agir organizacional processual capaz de qualificar, categorizar e conduzir os preceitos da sustentabilidade em contexto organizacional identificaram como apropriada a teoria do agir organizacional desenvolvida por Bruno Maggi (2006). De acordo com Maggi (2006), a teoria do agir organizacional é tanto uma teoria do agir social como uma teoria do agir racional. O agir social indica um agir do qual o sentido intencionado, de um ou mais sujeitos, se dirige ao agir de outros sujeitos. Assim sendo, o agir organizacional concerne tanto aos processos de ação de um sujeito singular quanto aos processos de ação coletiva. Visualiza-se que o agir organizacional é um macroprocesso consequente de inúmeros subprocessos, influenciado tanto por fatores externos quanto internos. Esses processos, para serem efetivamente realizados, precisam ser comprovadamente compreendidos pelos indivíduos que o realizarão e deles participarão.

Depois de compreendidos os fundamentos da teoria do agir organizacional, os autores fizeram uso da lógica das competências, as quais definem como um saber fazer coletivo de alta qualidade, que representa a operacionalização sistêmica dos recursos considerando os objetivos organizacionais e as influências ambientais. Acrescentam, ainda, que o agir organizacional pode ser traduzido como uma competência organizacional, permitindo objetividade na descrição e tornando-o capaz de registrar eficiência na ação organizativa diante dos resultados almejados.

Por esta inferência, os autores ressaltam que o conceito de competência organizacional remete à capacidade organizacional de conceder retorno econômico suficiente e agregar valor social aos indivíduos, complementados com os preceitos do *triple bottom line*, agregando-se a exigência de não comprometer o ambiente.

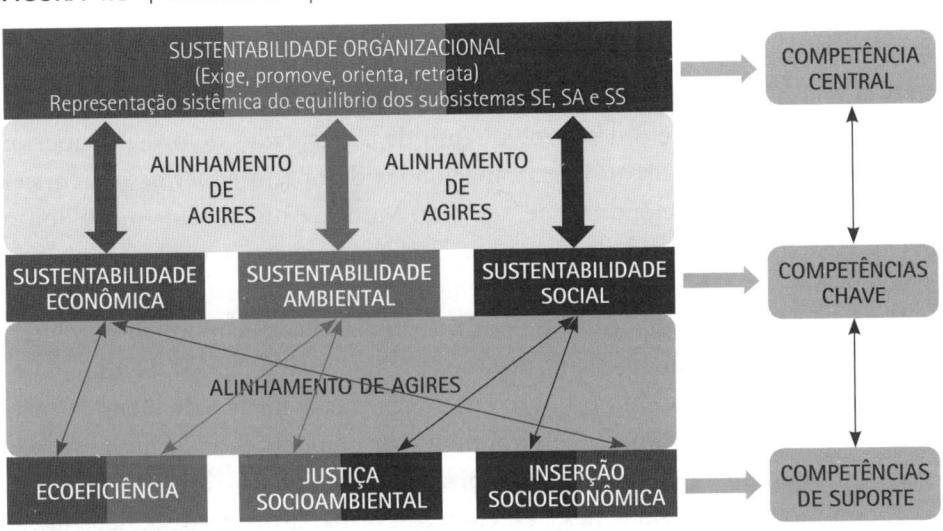

FIGURA 4.8 | *Framework* representativa do acontecimento da SO.

```
┌─────────────────────────────────────────────┐      ┌──────────────┐
│        SUSTENTABILIDADE ORGANIZACIONAL      │      │ COMPETÊNCIA  │
│          (Exige, promove, orienta, retrata) │ ───▶ │   CENTRAL    │
│ Representação sistêmica do equilíbrio dos   │      └──────────────┘
│         subsistemas SE, SA e SS             │             ▲
├─────────────────────────────────────────────┤             │
│         ALINHAMENTO        ALINHAMENTO      │             │
│             DE                 DE           │             │
│           AGIRES             AGIRES         │             │
├─────────────────────────────────────────────┤             │
│ SUSTENTABILIDADE  SUSTENTABILIDADE  SUSTENTABILIDADE │  COMPETÊNCIAS
│    ECONÔMICA        AMBIENTAL         SOCIAL    │ ───▶    CHAVE
├─────────────────────────────────────────────┤             │
│           ALINHAMENTO DE AGIRES             │             │
├─────────────────────────────────────────────┤             │
│  ECOEFICIÊNCIA    JUSTIÇA        INSERÇÃO   │      COMPETÊNCIAS
│                SOCIOAMBIENTAL  SOCIOECONÔMICA│ ───▶  DE SUPORTE
└─────────────────────────────────────────────┘
```

Fonte: Munck, Munck e Borim-de-Souza (2011, p. 155).

Fundamentando-se nos preceitos do TBL, propõem três competências chave para o acontecimento da SO: sustentabilidade econômica, sustentabilidade ambiental e sustentabilidade social. Por seu turno, essas três sustentabilidades integrantes da SO são compostas por três outras competências que as suportam: a ecoeficiência, a justiça socioambiental e a inserção socioeconômica. Quando validadas, as três competências de suporte permitem um equilíbrio organizacional sistêmico representante da conquista da SO. Na Figura 4.8 é exposto o modelo em pauta.

Munck, Munck e Borim-de-Souza (2011) constatam que as competências apresentam, de fato, potencial para orientar a gestão da sustentabilidade, mas, se estiverem desarticuladas de suas premissas, gerarão processos desintegrados que acarretam em falta de coesão estratégica e, por conseguinte, prejuízos econômicos, sociais e ambientais. Os autores acreditam que o *framework* apresentado introduz aos estudos das organizações a validação, ainda que teórica, da importância da justaposição dos termos em estudo como meio alternativo de viabilizar o acontecimento da SO.

Ao refletir sobre os preceitos dos cinco modelos apresentados, emergem aspectos convergentes que permitem destacar suas fragilidades e avanços.

Análise comparativa entre os modelos apresentados

De forma geral, ao analisar-se os modelos apresentados, algumas observações específicas fazem-se pertinentes para delimitar parâmetros conceituais considerados como ideais. Percebe-se que a SO não deve ser considerada origem de uma "adição" de componentes, muito além disso, ela precisa ser parte integral dos negócios em seu contexto (Azapagic, 2003). A implantação da sustentabilidade envolve torná-la real na estratégia e operações das organizações, ao mesmo tempo, isso implica o aprendizado e o desenvolvimento de capacidades de ordem superior (Cheng; Fet; Holmen, 2010). Essas capacidades de ordem superior podem ser entendidas como competências, que, segundo Munck, Munck e Borim-de-Souza (2011), remetem à capacidade organizacional de conceder retorno econômico suficiente e agregar valor social aos indivíduos sem comprometer o ambiente.

Ademais, frisa-se que investimentos nos ativos social, econômico e ambiental precisam ser simultâneos e coordenados (Wheeler et al., 2005). Sendo assim, esses investimentos precisam proporcionar respostas efetivas para além das exigências legais, que contribuam para o aumento da competitividade, lucratividade e para o sucesso no longo prazo da organização (Molteni; Pedrini, 2010).

Dessa monta, por esta síntese, entende-se por parâmetros conceituais ideais aos modelos de gestão da sustentabilidade nas organizações o seguinte: a) a SO deve ser encarada como parte integral e contextual dos negócios e, com isso, estar presente nas estratégias e nas operações; b) são necessários a identificação e o desenvolvimento de competências centrais à SO que permitam entregas, coordenadas e simultâneas, econômicas, geradoras de valor social e de preservação ambiental; e c) a gestão da SO deve proporcionar respostas além das exigências legais para que contribua para a competitividade, lucratividade e para o sucesso em longo prazo.

Por esses parâmetros estabelecidos, torna-se possível identificar pontos de avanços e fragilidades em cada um dos cinco modelos apresentados. Em princípio, em relação ao Sistema de Gestão da SO proposto por Azapagic (2003), é possível especificar como avanços a determinação de que a sustentabilidade seja parte integrada da estratégia e visão organizacional, bem como a ênfase na mudança cultural na organização e mudança de atitude das personagens organizacionais. Acrescenta-se como um avanço do modelo a representação de um ciclo detalhado acerca da gestão da sustentabilidade iniciado pela política e planejamento da SO, passando pelas estratégias de implantação, comunicação durante o processo de implantação e finalizado com a revisão seguida de ações corretivas, caso necessário. Como uma fragilidade observada no referido modelo, pontua-se que a sustentabilidade possa se tornar algo meramente instrumental na gestão, antes que uma "ideologia" para a organização, como o autor afirma constantemente. Isto em razão do fato de a sustentabilidade estar atrelada quase exclusivamente à estratégia produtiva (e não à estratégia de desenvolvimento de competências, conforme proposto pelos parâmetros conceituais), tornando-a, também, um instrumento de busca, quase excepcionalmente, da lucratividade e do ganho de competitividade frente aos concorrentes.

No modelo de Rede Corporativas Sustentáveis Locais (*SLENs*) de Wheeler et al. (2005), identificou-se como avanço o fato de que a criação de redes de colaboração entre diversos atores sociais é fundamental para o alcance do desenvolvimento sustentável e, nisso, a organização privada tem relevante participação. Importante contribuição e avanço do modelo em questão é a identificação das várias âncoras envolvidas nas redes *SLEN*, desde indivíduos, organizações com e sem fins lucrativos, agências de desenvolvimento e governos, e comunidade local. Além disso, esse é um modelo que implica a necessidade de mudança profunda de valores voltados para a cooperação. Para ser membro de uma rede do tipo *SLEN*, a organização necessita ter uma visão holística e compreender que interesses individuais não é prioridade, é preciso que todos os envolvidos atuem cooperativamente de acordo com os princípios da rede, a fim de que ela possa ser bem-sucedida. Por outro lado, ao mesmo tempo em que se apresenta como um avanço, essa questão também pode representar uma fragilidade, pois, se os membros envolvidos não entenderem ou não compactuarem de tais princípios, há a possibilidade de conflitos de interesses, com a predominância do individual ante o coletivo. Uma vez que as redes são formadas por vários tipos de organizações, com interesses da mesma forma diversos, não é algo improvável ou impossível que cada envolvido priorize e atue somente em seus domínios de prioridades individuais, contrariando e prejudicando o funcionamento da rede como um todo. Por fim, nesse modelo, também se observa que não fica explícita a maneira pela qual a sustentabilidade é integrada nas estratégias e operações das organizações envolvidas e, apesar de proporcionar retorno financeiro e sucesso no longo prazo, pode-se notar que não há um planejamento referente ao desenvolvimento de competências para a SO. Apesar de aparentemente ter uma característica marcadamente social, na sua essência as redes parecem mais uma forma de manter as pessoas incluídas economicamente, o que não seria suficiente para atender aos princípios da sustentabilidade.

O terceiro modelo analisado, o *framework* BSH para a SO de Cheng, Fet e Holmen (2010), também possui seus avanços e fragilidades. Como avanços, apontam-se a utilização de sistemas internos de gestão já consolidados (*balanced scorecard* e mapas estratégicos), que proporciona a gestão integrada e estratégica da SO por uma perspectiva interna à organização, assim como a estruturação e o detalhamento do modelo no sentido de que compreende a sua construção, difusão, aprendizagem e *feedback* para a SO, completando um ciclo, assim como o modelo de Azapagic (2003).

Porém, a fragilidade do modelo de Cheng, Fet e Holmen (2010) se resume no fato de que é confuso ao apresentar questões que envolvem as perspectivas "ambiental" e "social" e consideradas externas à organização pelas próprias autoras, mas apenas com foco interno à organização e ainda com um nível baixo de desenvolvimento. O fato é que ambas as perspectivas demandam um tratamento mais amplo, tendo em vista que são questões que possuem impacto direto ao contexto externo da organização. Como posto pelas autoras, visualiza-se que tanto a perspectiva ambiental quanto a social são apenas novas áreas funcionais a serem inseridas na organização, e não elementos que permeiam toda a estratégia.

No que diz respeito ao quarto modelo analisado – síntese socioeconômica –, proposto por Molteni e Pedrini (2010), os avanços se referem ao fato de que o modelo foi desenvolvido com base na volatilidade inerente a gestão da SO. Os autores deixam isso claro ao terem como pressuposto para o modelo que o valor diferencial de uma síntese socioeconômica é provável de se perder com o tempo, havendo a necessidade de inovação constante. Um avanço importante no modelo refere-se à hierarquia das soluções promovidas pela síntese socioeconômica, em virtude da inferência de que as soluções oferecidas pelos níveis mais altos da síntese socioeconômica, que podem envolver inclusive a identidade da organização, podem ser imitadas com muito mais dificuldade, em razão de sua especificidade. Assim, quanto mais envolvida está a organização com a gestão da sustentabilidade, maior é sua especificidade, maior é sua diferenciação frente aos concorrentes, logo, maior é seu nível de competitividade. Como fragilidade, considerando o parâmetro conceitual – TBL –, os autores parecem negligenciar a dimensão ambiental. Ainda que, no decorrer de seu texto, mencionem as questões ambientais, na figura representativa da síntese socioeconômica somente são inseridas as dimensões social e econômica da SO. Além disso, não é indicado o desenvolvimento das competências necessárias para o alcance da SO a partir da síntese socioeconômica.

O quinto modelo estudado – *Framework* representativo do acontecimento da SO –, de Munck, Munck e Borim-de-Souza (2011), apresenta avanços com respeito ao tratamento da sustentabilidade frente a seus respectivos componentes. A partir da lógica das competências, concede à SO um meio de operacionalização e gerenciamento. Da mesma forma, a aborda sob um prisma de integração sistematizada à estratégia organizacional; aponta também a ênfase direcionada às pessoas nesse processo. O modelo em questão tem como pressuposto que o agir coletivo, portanto, bem como o individual, são os alicerces da organização em busca da sustentabilidade. Todavia, encontrou-se como uma fragilidade deste modelo a reduzida menção ao ambiente externo à organização. Observou-se que os autores, em nenhum momento, fazem menção sobre o relacionamento com seus *stakeholders* externos, por exemplo, o que pode isolar a organização de seu contexto de atuação.

De forma simplificada e para melhor visualização, no Quadro 4.4 é apresentado um resumo dos avanços e fragilidades apontados nos modelos estudados:

QUADRO 4.4 | Aspectos convergentes e diferenciais dos modelos de SO estudados.

MODELO	AVANÇOS	FRAGILIDADES
Sistema de Gestão da SO Azapagic (2003)	- Clareza da importância de que a sustentabilidade faça parte da estratégia e visão organizacional; - mudança cultural e de atitude; - apresentação de um ciclo: política, planejamento, implantação, comunicação e revisão seguida de ações corretivas.	- A sustentabilidade pode se tornar algo meramente instrumental na gestão, antes que uma "ideologia" para a organização, em razão do fato de estar atrelada quase exclusivamente à estratégia organizacional, e não ao desenvolvimento de competências para a estratégia.
Redes Corporativas Sustentáveis Locais (*SLENs*) Wheeler et al. (2005)	- A rede possui várias âncoras; - proporciona visão macro da sustentabilidade; - traz, na sua essência, a necessidade de mudança profunda de valores.	- Possibilidade de conflitos de interesses e da predominância do individual ante o coletivo; - não demonstra como a sustentabilidade é implantada nas estratégias e operações das organizações envolvidas; - não há um planejamento referente ao desenvolvimento de competências para a SO.
Balanced Scorecard Hexagonal (BSH) Cheng, Fet e Holmen (2010)	- Traz a gestão da SO em um contexto estratégico e pautado por um modelo consagrado de gestão estratégica; - apresentação de um ciclo: construir, difundir, aprender e sustentar.	- Aborda as perspectivas ambiental e social como áreas funcionais da organização.
Síntese Socioeconômica Molteni e Pedrini (2010)	- O alerta de que o valor diferencial de uma síntese socioeconômica se perde com o tempo (necessidade de trabalhar sempre em novos projetos); - traz sete estágios de classificar a intensidade em que a organização está inserida na sustentabilidade.	- Não demonstra explicitamente a integração do pilar ambiental na figura representativa (considerando o TBL); - não faz menção ao desenvolvimento das competências necessárias para o alcance da sustentabilidade a partir da síntese socioeconômica.

Continua

Continuação

MODELO	AVANÇOS	FRAGILIDADES
Framework representativo do acontecimento da SO Munck, Munck e Borim-de-Souza (2011)	- Aborda a questão estratégica da SO, por meio da lógica das competências; - foco nos indivíduos e na materialização de sua ação coletiva; - demonstra uma perspectiva sistêmica da SO.	- Não faz menção explícita às formas de interação com o ambiente externo à organização.

Fonte: Munck; Galelli; Bansi, 2012.
Elaborado pelo autor.

Ao analisar os cinco modelos em estudo, identificou-se que a maioria se baseia na perspectiva do *triple bottom line*, o que reforça o fato de esta ser uma teoria *mainstream* quando se trata de sustentabilidade nas organizações. Observou-se ainda que nem todos os modelos pressupõem sua adoção para os diversos tipos de organizações privadas. Por exemplo, os modelos de Azapagic (2003) e de Cheng, Fet e Holmen (2010) mostram-se adequados apenas para empresas estruturadas, como as de grande porte. No Quadro 4.4, nota-se, principalmente, modelos incompletos, no sentido de que todos procuraram deixar algum aspecto descoberto, mas que seria importante para o alcance da SO.

Destaca-se que somente a proposta de Wheeler et al. (2005), com as Redes Corporativas Sustentáveis Locais (*SLENs*), apresenta uma visão macro para a SO. Nesse modelo, a sustentabilidade envolve a sociedade e várias organizações de diversos tipos, enquanto os outros modelos partem de uma visão holística, porém interna da própria organização, com considerações e metodologias de busca da sustentabilidade por meio de estratégias que envolvam todas as áreas organizacionais. À exceção dos modelos de Wheeler et al. (2005) e de Munck, Munck e Borim-de-Souza (2011), para os quais a lucratividade e a vantagem competitiva são respostas naturais à gestão da SO, os outros três modelos analisados têm como foco a geração de lucros e vantagem competitiva.

CAPÍTULO 5
A teoria do agir organizacional e a lógica das competências

O agir organizacional

Como o foco deste livro recai sobre as organizações, buscou-se por uma teoria que contemplasse um agir coletivo e processual capaz de orientar a racionalidade de gestão necessária à SO. Desse modo, caminhou-se na direção do padrão teórico referenciado pela teoria do agir organizacional desenvolvida por Maggi (2006). Para ele, a teoria do agir organizacional – um processo dinâmico de ações e decisões – é tanto uma teoria do agir social como uma teoria do agir racional. O agir social indica um agir do qual o sentido intencionado, de um ou mais sujeitos, se dirige ao agir de outros sujeitos. Assim, o agir organizacional concerne tanto aos processos de ação de um sujeito singular quanto aos processos de ação coletiva. O agir racional valida a ideia de que o agir organizacional ordena as ações do processo em direção a um objetivo perseguido, mas esse agir racional é intencional e limitado, assim como a razão humana o é.

Por meio das proposições de Maggi (2006), compreende-se que o agir organizacional é um macroprocesso consequente de inúmeros subprocessos, influenciado tanto por fatores externos quanto internos. Esses processos, para serem efetivamente realizados, precisam ser compreendidos pelos indivíduos que o realizarão e deles participarão. O compreender, no entanto, precisa ser empírico; caso contrário, torna-se uma adversidade para toda a cadeia de ações dependentes. Essa validação está relacionada em parte com o empirismo organizacional, mas também se relaciona com a riqueza da subjetividade das relações organizacionais. A causalidade dos relacionamentos organizacionais, portanto, acontece pela compreensão das ações individuais, as quais comungam de um espaço simultaneamente hipotético e real. Entre essa interligação do que existe e do que se deseja, alcança-se uma rede de ações sistêmicas traduzida como o agir organizacional. Para chegar a tal proposição, Maggi (2006) integrou contribuições da teoria das organizações, as quais podem ser visualizadas no Quadro 5.1.

QUADRO 5.1 | As contribuições teórico-científicas que alicerçam a teoria do agir organizacional.

Autores	Contribuições para a teoria do agir organizacional
Max Weber	A epistemologia weberiana considera a compreensão como o ponto de partida da análise científica; contudo, exige que se proceda a uma explicação do agir social sobre bases empiricamente verificáveis, às quais a compreensão possa se referir para não naufragar no arbitrário. A compreensão concerne ao sentido da ação; a explicação serve para dar conta da dimensão causal – em causalidade adequada – das condições empíricas da ação. Segundo essa abordagem, a avaliação da possibilidade objetiva das relações causais entre as ações ou os eventos individuais ao longo de um processo se apoia sobre a comparação dos processos reais com processos de ação hipotéticos idealmente construídos.
Pareto e Barnard	Para Pareto, a classe das ações lógicas, aquela guiada por uma racionalidade objetiva, constitui apenas uma parte marginal do agir humano, sendo a maior parte composta por ações não lógicas. Encontra-se em Barnard a mesma concepção da ação quando fala do equilíbrio da organização: os indivíduos não participam da organização com base apenas em cálculos econômicos. De modo mais geral, pode-se dizer que a existência da organização formal se apoia sobre a tendência natural dos indivíduos a cooperar. Um sistema cooperativo se define para Barnard como um conjunto de componentes físicos, biológicos, pessoais e sociais que estão em uma relação específica graças à cooperação de duas ou mais pessoas para um ou mais fins. Na obra de Barnard, encontra-se sempre uma tensão contínua entre uma concepção do sistema caracterizado por uma tendência à cooperação e a ideia de que um sistema cooperativo durável é sempre governado por processos intencionais de decisão. Desse modo, Barnard acrescenta à referência de Pareto a noção de processo, para caracterizar a ação organizacional, aproximando-se, assim, da concepção weberiana.
Simon	Construir uma teoria do agir organizacional significa aprofundar o conceito de racionalidade do sujeito agente. Para Simon, o processo de decisão se dá segundo a racionalidade intencional e limitada, na qual as informações são imperfeitas e, portanto, o conhecimento das alternativas de ação é sempre incompleto; o conhecimento das consequências da ação é fragmentário; as preferências não são perfeitamente ordenáveis e sua variação no tempo não é previsível, assim, a decisão pode ser, no melhor dos casos, satisfatória. A organização é vista por Simon como um conjunto de programas de ação nos quais os fins que se quer atingir se encadeiam com os meios dos quais se dispõe. Da mesma forma que Barnard, Simon destaca também a importância das comunicações informais, pelo fato de que o processo de ações e decisões se dá em uma modificação contínua.
Thompson	Para Thompson, a organização é compreendida como um sistema indeterminado e que enfrenta a incerteza, mas que, ao mesmo tempo, está sujeito aos critérios da racionalidade e, portanto, pede certeza. A tipologia de Thompson considera também as situações em que as preferências dos resultados são incertas, enquanto os conhecimentos instrumentais são certos, e aquelas em que são as escolhas dos meios adotados que são incertas, enquanto as preferências dos resultados são certas. Ele abre caminho para a interpretação de todas as situações, nas quais certeza e incerteza se mesclam em diferentes níveis de ação e decisão, o que é quase sempre o caso, na realidade organizada.

Continua

Continuação

Autores	Contribuições para a teoria do agir organizacional
Touraine	Para Touraine, a organização é um conjunto de atividades geridas para obtenção de objetivos específicos nos quais se reproduzem, com amplas margens de autonomia, relações de dominação presentes na sociedade em num dado contexto histórico. As relações de poder interiores e exteriores à organização podem, desse modo, ser interpretadas no quadro de um sistema de dominação mais amplo que provém, sobretudo, do conflito de classes e que encontra sua legitimidade no sistema político-institucional. Por meio das considerações de Thompson e Touraine, pode-se conceber o agir organizacional como o encontro de três linhas distintas de ação: a ação institucional, por meio da qual se produzem as relações de dominação legitimadas pelo sistema político-institucional (implica certas escolhas em termos de objetivos de relações de autonomia/dependência do processo organizacional em relação aos outros processos); a ação técnica orientada para a obtenção dos objetivos (no plano exterior, ela toma a forma da troca e no plano interior, a do equilíbrio do processo); e a ação estrutural, constituindo o conjunto de regras que ordenam os elementos do processo e suas interdependências com o ambiente.
Reynaud	Para Reynaud, nenhum sistema social preexiste a suas regras, nem produz regras às quais os sujeitos tenham que se adaptar. Ao contrário, o ator social, assim como o sistema social, é constituído pela produção de um processo de regulação que traça as regras do jogo da ação. A ação social é finalizada no sentido em que produz suas próprias regras e define seus fins. Em direção a essa finalização autoproduzida, a regulação, também ela autoproduzida, guia a ação. Em relação à perspectiva da teoria do agir organizacional, um aspecto importante da proposição reynaudiana diz respeito à racionalidade da regulação social. Longe de ter como objetivo uma maximização qualquer, essa racionalidade pode apenas procurar vantagens satisfatórias e, ao longo do tempo, pelo fato de que, por um lado, ela pressupõe um engajamento e um consentimento e, por outro, pressupõe o conflito e a negociação. Ela é, portanto, efetivamente uma racionalidade intencional e limitada.
Giddens	Giddens põe em evidência que a estrutura é teorizada de maneira diferente segundo as diversas escolhas epistemológicas e ontológicas no que tange à relação entre sujeito humano e sociedade. Por um lado, as abordagens funcionalistas e estruturalistas compartilham uma visão de preeminência do sistema social sobre o sujeito humano; por outro lado, as abordagens hermenêuticas, interacionistas e fenomenológicas destacam a subjetividade do indivíduo e sua experiência singular. No primeiro caso, a estrutura é definida como um modelo de ação predeterminado ao qual o sujeito é frequentemente submetido sem dele ter consciência; no segundo caso, o sujeito constrói a sociedade e a noção de estrutura perde sua relevância, chegando até a ser descartada. Por um lado, a discussão epistemológica de Giddens remete à terceira via indicada por Weber e, por outro lado, seus conceitos sobre estruturação e dualidade da estrutura ajudam a compreender a relação entre processos de ação e sua auto-organização.

Fonte: Organizado pelo autor e Souza (2010) por meio das contribuições de Maggi (2006).

Justifica-se ainda o embasamento na teoria do agir organizacional ao compará-la com outras teorias organizacionais consagradas, pois ela acredita que a variabilidade tem sua origem e desenvolvimento dentro processo de ação organizacional, entre os componentes do processo e da estruturação do processo.

O Quadro 5.2 apresenta o confronto de ideias entre os conceitos de Maggi fundamentados em Thompson (1967) e a teoria das contingências:

QUADRO 5.2 | Confronto entre a teoria do agir organizacional e a teoria das contingências.

ASPECTOS	TEORIA DO AGIR ORGANIZACIONAL	TEORIA CONTINGENCIAL
Variabilidade estrutural e organizacional	- A explicação da variabilidade organizacional e estrutural não se dá em termos de determinação, mas sim de congruência das escolhas de decisão e de ação.	- Laurence e Lorsh (1967) presumem que a eficiência organizacional está atrelada à natureza do ambiente e da capacidade de adaptar-se a ele.
Poder como relação e como atributo	- O poder está ligado às relações entre indivíduos, mais especificamente nos diferentes níveis de decisão e ação nas relações entre processos, bem como na construção e no desenvolvimento de cada processo. (subjetivo)	- O poder se mantém sempre um atributo, que diz respeito a diferentes elementos objetivos do sistema.
Poder e análise interorganizacional	- O poder que o sistema organizacional exerce em direção ao exterior depende das "relações entre processos" de ação organizacional.	- As estratégias organizacionais instauradas para reduzir a dependência são supostamente não só de adaptação às exigências do ambiente, mas também de escape a essas exigências, e sobretudo de modificação do ambiente pela mudança das fronteiras do sistema organizacional. Perrow (1986) defende essa ideia do "poder exercido ao mesmo tempo no 'interior' em direção ao 'exterior da organização'"(p. 50). Defende ainda as redes de relações entre várias organizações, ou seja, interorgnizacional, mas mantém a reificação da organização, sendo o poder um atributo, e não uma relação.

Fonte: Adaptado de Maggi (2006).

Conforme expõe o Quadro 5.2, a teoria da contingência é funcionalista, sendo que Thompson (1967) deixa claro o seu posicionamento oposto ao funcionalismo extremo. Além disso, apresenta-se determinista a partir do momento em que afirma a organização sobre influência do ambiente, o qual determina a sua tecnologia, estrutura e estratégia. Assim, o poder é um atributo para definir o poder de barganha no mercado e sofrer alteração do ambiente, sem levar em conta o poder que emana de dentro da organização e nas suas relações internas.

Além da teoria da contingência, Maggi (2006) confronta suas perspectivas com as perspectivas da teoria de custos de transação, também pensada para análise da sustentabilidade nas organizações. O Quadro 5.3 apresenta esse confronto:

QUADRO 5.3 | Confronto entre a teoria do agir organizacional e a abordagem econômica dos custos de transação.

	TEORIA DO AGIR ORGANIZACIONAL	ABORDAGEM ECONÔMICA
Racionalidade	- Racionalidade intencional limitada, a incerteza está acondicionada no sentido dos conhecimentos do decisor; - reduzir custos da coordenação das interdependências; - eficiência do processo; - encadeamento; - mediações intensivas, na medida em que os resultados são mais incertos e as hipóteses das relações de causa e efeito mais difíceis de formular.	- Racionalidade limitada × oportunismo (aspectos objetivos × subjetivos); - análise dos custos da transação explica a variedade das formas de organização; - eficiência econômica; - encadeamento ou manufatura.
Avaliação e controle organizacional	- Duas variáveis do processo de decisão: preferências dos resultados esperados e conhecimentos instrumentais; - avaliação de acordo com os diferentes graus de certeza/incerteza; - relacionada à adequação do futuro; - avaliação das congruências recíprocas das escolhas organizacionais.	- Eficiência como base para a avaliação da escolha de organização.
Incerteza e variabilidade organizacional	- As incertezas são produzidas pelo processo organizacional, fruto de suas escolhas de objetivos e de percursos para atingi-los; - a variabilidade inclui as escolhas técnicas, estruturais e relativas ao campo de ação.	- Determinista: ambiente determinado onde incertezas se manifestam; - variedade de formas: *continuum* de soluções de coordenação, do mercado à hierarquia; se refere à dicotomia entre sistema aberto/fechado do funcionalismo.

Fonte: Adaptação de Maggi (2006).

Sendo o agir organizacional um agir social circunscrito, observa-se que ele emerge de uma humanidade cujas ações são em grande parte não lógicas, ou até mesmo reflexivas e dialéticas. Essa distância do concreto não classifica o agir humano como irreal, pois é pelos momentos de abstração que se alcançam considerações de como agir ou decidir em relação a algo. Decisão e ação são atos findos, mas não finitos, ou seja, a realização deles, ainda que reversível, deixa um histórico, por essa razão almejam ser proferidos por uma certeza indubitável. Certeza, aqui, nada mais é do que uma incerteza reduzida sobre uma realidade observável e totalmente influenciável pelos indivíduos que procuram estabelecer posições de dominação em processos de negociação. Se o processo é influenciável, também é conflituoso, e tal conflito, ainda que dentro de uma organização, representa uma desordem social oriunda de uma dimensão social maior. Considera-se como maior dimensão a sociedade que, para conter seus conflitos e adversidades, procura por regras, as quais podem ser impostas ou negociadas. As regras, normas e demais meios de regulação são tendenciosos, uma vez que constituem uma ação racional tomada e decidida por alguns indivíduos que visam um benefício social ou individual futuro. Essa lógica de ação, qualificadamente complexa, ainda que estruturada com os mais profundos detalhes, é intencional, pois os indivíduos sabem o que querem, e limitada, assim como a razão humana. Toda essa complexidade de relações é compreendida como o agir social (Maggi, 2006).

Maggi (2006) explica os pilares do agir organizacional a partir da descrição da execução da obra *Octeto* em fá maior D803, de Schubert, para dois violinos, viola, violoncelo, contrabaixo, clarinete, fagote e trompa, da seguinte forma:

> [...] estamos na presença de um trabalho coletivo, qualquer que seja a definição que se dê a essa noção; e na presença de um grupo de trabalho, o conjunto. [...] a ação de cada músico dirige-se à ação dos outros músicos, e a de todos se dirige no mínimo à administração do teatro e ao público presente na sala. [...] o processo de ação de cada sujeito, assim como o processo comum do conjunto, está relacionado a outros processos. [...] a adaptação dos meios aos fins concerne, sem dúvida, aos instrumentos que a composição musical exige, mas também ao nível das capacidades, dos conhecimentos e das competências dos músicos, e ao tempo que dedicaram aos ensaios. [...] os músicos parecem dominar completamente os meios e os fins, mas a incerteza jamais será excluída, não se sabe o que pode acontecer. [...] o que faz a diferença é que cada músico queria tocar essa obra, mas não podia fazê-lo sozinho. [...] sendo a execução da música o objetivo comum, os oito músicos cooperam para atingi-lo. E, para que essa cooperação dê certo, eles se coordenam (p. 8).

Diante da breve exemplificação, pode-se concluir que as características centrais do agir organizacional em diferentes situações são a *finalização*, que constitui a compreensão da relação meios/fins/resultados, e a *estruturação do processo*, que envolve a articulação de processos e o entendimento das ações como *racionalmente limitadas e intencionais*. Além disso, percebe-se que a *cooperação* influencia o poder das ações, que, por consequência, influencia a efetividade das decisões, as quais, por suas vezes, influenciam as estratégias organizacionais e os relacionamentos sociais cooperativos.

As competências

Depois de compreendidos os fundamentos da teoria do agir organizacional, pesquisou-se sobre bases teóricas capazes de proporcionar consistência e coerência às ações organizacionais, chegou-se à lógica das competências. Esta detém premissas exigentes da compreensão do coletivo e de sua relação com o individual. Zarifian (2002) afirma que a gestão por competências exige maior autonomia no ambiente de trabalho e melhores níveis de comunicação entre organização e indivíduo. Fleury e Fleury (2008) definem competência como "um saber agir responsável e reconhecido, que implica mobilizar, integrar, transferir conhecimentos, recursos, habilidades que agreguem valor econômico à organização e valor social ao indivíduo" (p. 30); Mills, Platts, Bourne e Richards (2002) consideram a competência um ato organizacional efetivo e Maggi (2006) define competência organizacional como um saber fazer coletivo de alta qualidade; e, por fim, segundo Ruas (2005), é a capacidade de mobilizar, integrar e colocar em ação conhecimentos, habilidades e formas de atuar (recursos de competências), a fim de atingir/superar desempenhos configurados na missão da empresa e da área. Em suma, as bases da lógica das competências promulgam a existência de condição de mobilização de recursos frente a uma demanda emergente a fim de atingir ou superar um objetivo.

Mills et al. (2002) salientam que as competências são construídas a partir de recursos bem articulados e coordenados. Os autores enaltecem que a competência é, em síntese, uma ação organizacional expressa por um verbo. Para eles, o que diferencia competência de recurso é que este representa uma potencialidade organizacional, enquanto aquela constitui um agir organizacional efetivo. Um recurso denota o que uma empresa tem e uma competência denota o que uma **empresa sabe fazer bem a partir da articulação de recursos**.

Teece, Pisano e Shuen (2001) complementam a abordagem ao alertarem que forças externas fazem com que as organizações adquiram capacidades mais aprimoradas quanto à organização de seus recursos e, também, exigem que elas desenvolvam competências organizacionais específicas capazes de responder às modificações ambientais. Informação que corrobora a interação entre agir social e agir organizacional.

Faz-se importante ressaltar a necessidade de proximidade e diferenciação entre recursos e competências. O Quadro 5.4, a seguir, ilustra o que seriam "recursos" e contribui para a distinção entre os conceitos. Além disso, proporciona uma visão que corrobora a relevância de se conhecer os recursos que sustentam uma competência.

QUADRO 5.4 | Categoria de recursos componentes da competência.

Categoria de recursos	Descrição
Tangíveis	Construções, plantas, equipamentos, licenças exclusivas, posição geográfica, patentes e funcionários.
Conhecimentos, habilidades e experiências	Conjunto frequentemente não escrito – tácito –, cujos possuidores, muitas vezes, não sabem que os têm.
Procedimentos e sistemas	Conjunto de documentos tangíveis, desde sistemas de recrutamento e seleção, avaliação de desempenho e recompensa até processo de compras e outros. Embora tangíveis, exigem recursos intangíveis para funcionar eficientemente.
Valores e cultura	Recurso intangível e desenvolvido ao longo do tempo, quase sempre dependente das atitudes dos fundadores e eventos passados. Inclui memória de incidentes críticos, valores e crenças.
Network	Grupos de interesse dentro da empresa, *networks* envolvendo pessoas da empresa como fornecedores, clientes, governo, consultores. Inclui marca e reputação.
Importantes para mudança	Reconhecimento de quando recursos valiosos tornam-se ultrapassados e necessitam mudar ou mesmo ser destruídos.

Fonte: Mills, Platts, Bourne e Richards (2002), p. 20-21.

Assim, no entendimento de Mills et al., dada uma competência, sempre é possível entendê-la a partir de seus recursos constitutivos. Uma vez entendida, é possível aprimorá-la, seja pelo enriquecimento dos recursos constitutivos, seja pela maior coordenação deles.

Mills et al. (2002), em pesquisas interessadas em analisar diferentes contextos organizacionais quanto à disponibilidade e gestão de seus recursos e competências, elaboraram uma hierarquia na qual categorizam as competências organizacionais passíveis de serem instigadas e promovidas. O Quadro 5.5 detalha as diferenciações, classificações e definições de competências propostas pelo autor.

CAPÍTULO 5 – A TEORIA DO AGIR ORGANIZACIONAL E A LÓGICA DAS COMPETÊNCIAS

QUADRO 5.5 | Uma comparação entre as competências e os recursos organizacionais.

Categorias simplificadas das competências organizacionais		Categorias simplificadas para a identificação dos recursos organizacionais	
Competências e recursos ordinários	São recursos e competências atuais que também estão presentes nos concorrentes. Não existe nada de especial nessas competências e recursos, a não ser o fato de serem facilmente identificadas.	Recursos tangíveis	Construções, edifícios, equipamentos, funcionários, licenças exclusivas, posição geográfica, patentes, estoques, terras, devedores – enfim, quase tudo que possua uma forma física.
Competências e recursos importantes	Trata-se de competências e recursos responsáveis pela vantagem competitiva atual da empresa ou, ainda, aquelas competências e recursos que simbolizam a razão da defasagem da empresa frente à concorrência.	Conhecimento, habilidades e experiências	Um importante conjunto de recursos tácitos frequentemente não escritos, os quais nem mesmo os indivíduos e organizações que os possuem são conhecedores de sua posse e expressão.
Competências foco	Geralmente, trata-se de competências referenciadas a atividades organizacionais importantes encontradas em níveis elevados da hierarquia organizacional, compreendidas como essenciais para a sobrevivência da empresa e central para o acontecimento do planejamento estratégico desenhado.	Recursos sistêmicos e processuais	Uma grande quantidade de recursos tangíveis e documentados advindos dos sistemas de recrutamento e seleção, dos sistemas de avaliação e recompensa, dos sistemas de compras e assim por diante. Estes documentos e recursos computacionais são tangíveis. Mas a eficiência desses sistemas requer recursos intangíveis bem desenvolvidos, tais como conhecimento e experiências dos operadores e utilizadores do sistema.
Competências distintivas	Referem-se a competências complexas reconhecidas pelos consumidores como diferenciais para as empresas em relação às praticadas e desenvolvidas pelos concorrentes. Essas competências representam uma das fontes de vantagem competitiva para as organizações.	Recursos culturais e valores	Um tipo de recursos desenvolvido em longo período. Dependentes das atitudes dos fundadores das empresas e de acontecimentos passados. Nessa categoria importam memórias sobre situações de conflito, valores, crenças e comportamentos privilegiados pela gestão da organização.
Competências org. ou da unidade de negócio	Um pequeno número de atividades essenciais, geralmente entre três e seis, esperadas de serem encontradas e desenvolvidas em cada unidade de negócios de uma organização.	Recursos de rede	Grupos de interesse dentro da empresa, redes que envolvam funcionários com fornecedores, consumidores, autoridades legislativas. A reputação e a marca da organização fazem parte destes recursos.

Continua

Categorias simplificadas das competências organizacionais		Categorias simplificadas para a identificação dos recursos organizacionais	
Competências de suporte	Uma atividade que é valorosa no sentido de auxiliar uma gama de atividades secundárias.	Importantes para a mudança	Um recurso chave relacionado ao reconhecimento de que recursos valiosos se tornam obsoletos e, por conseguinte, necessitam ser transformados ou extintos. Exemplos pode ser a crença depositada em funcionários e gestores que participam de influência consideradamente relevante no ambiente de gestão organizacional.
Capacidade dinâmica	A capacidade de uma empresa adaptar suas competências ao longo do tempo. Extremamente relacionada aos recursos organizacionais, a fim de que as modificações realizadas estejam em coerência com os ambientes internos e externos à organização.		

Fonte: Mills et al. (2002, p. 13, 20).

Para o presente estudo, as competências foram reduzidas a três, unidas às perspectivas da teoria do agir organizacional e estão expostas e explicadas no Quadro 5.6.

QUADRO 5.6 | Uma categorização simplificada de competências organizacionais.

Categorias das competências organizacionais	
1º Competências centrais	Representam um agir organizacional corporativo essencial para a sobrevivência da empresa e fundamental para a sua estratégia.
2º Competências-chave	Representam um pequeno número de agires essencial, geralmente entre três e seis, esperados de serem encontrados e desenvolvidos em cada unidade de negócios de uma organização.
3º Competências de suporte	Representa um agir organizacional validado capaz de suportar outros agires fundamentais à arquitetura de competências.

Fonte: Elaborado a partir das contribuições de Mills et al. (2002, p. 13, 20) e Maggi (2006).

Em síntese, percebe-se que, dada uma competência, sempre é possível entendê-la a partir de seus recursos constitutivos. Uma vez entendida, é possível aprimorá-la, seja pelo enriquecimento de seus recursos constitutivos, seja pela melhor coordenação deles. Ante o exposto, conclui-se que as competências organizacionais representam a operacionalização sistêmica dos recursos considerando os objetivos organizacionais e as influências ambientais.

Ao refletir sobre as definições concedidas pelos autores estudados (Fleury; Fleury, 2008; Maggi, 2006; Mills et al., 2002; Ruas, 2005), chegou-se à conclusão de que o agir organizacional – processo de ações e decisões – pode ser traduzido em uma competência organizacional. Isso permitirá objetividade na descrição e gestão capaz de registrar eficiência das ações organizativas diante dos resultados almejados.

Os conceitos unificados permitem remeter a SO, preservados os seus valores, à capacidade organizacional de conceder retorno econômico suficiente, agregar valor social aos indivíduos e não comprometer a capacidade de regeneração do ambiente. Competência, portanto, para este estudo, relata eficiência e eficácia, ou seja, o melhor uso possível e articulado dos recursos diante dos objetivos estratégicos. É ela, portanto, meio de fomento e verificação da eficácia nos processos de ações e decisões rumo à sustentabilidade.

As competências organizacionais, de acordo com Maggi (2006), não são competências que pertencem às organizações, mas, sim, competências que fazem referência a elas por diversas ações que comprovam melhorias nas atividades empresariais, avanços nos processos de avaliação, seleção e utilização dos recursos disponíveis, e, também, pela ativação de novos recursos por atitudes competitivas que se antecipam às de seus concorrentes. Drejer (2002) assevera que este agir organizacional é constituído por quatro elementos principais e suas respectivas interações: tecnologia, pessoas, estrutura organizacional e cultura organizacional.

A reflexão sobre as definições concedidas pelos autores supramencionados permite concluir que a competência organizacional pode ser retratada em um agir organizacional eficaz (Drejer, 2002; Mills et al., 2002; Fleury; Fleury, 2008).

Drejer (2002) assevera que as competências organizacionais podem ser divididas em dois níveis principais de complexidade, os quais são dependentes dos ambientes organizacionais em que são requisitadas. Os níveis são: competências organizacionais simples e competências organizacionais complexas. As competências simples são amparadas por uma tecnologia e por poucas pessoas e as competências complexas exigem processos interdependentes que envolvem inúmeras pessoas e uma série de tecnologias. A segmentação exposta por Drejer (2002) considera, sobremaneira, a relação entre pessoas e tecnologias, ou seja, entre competências e recursos, tão defendidos pela visão baseada em recursos. Smith (2008) também admite como relevante a necessidade de qualificar as organizações quanto à diferença de complexidade de suas competências, uma vez que a competência da "experiência organizacional" é variável dependente do exercício de sua prática e da longevidade de suas propostas.

Dubois e Rothwell (2004) esclarecem que, em uma gestão organizacional auxiliada por um modelo de competências, as pessoas devem ser prioridade para que, por meio de seu desenvolvimento, a organização possa conquistar resultados sustentáveis pelo coerente estabelecimento de quais devem ser as competências organizacionais priorizadas e desenvolvidas.

Como já salientado, as competências envolvem propostas articuladoras entre ambiente, indivíduos e organizações. Assim, são um fenômeno social promotor de articulação entre a subjetividade dos valores e traços individuais e a objetividade dos propósitos e planejamentos estratégicos das organizações. Esta aliança, iniciada no ambiente interno das organizações, ao considerar os debates sobre o desenvolvimento sustentável, ganha novos espaços de discussões a partir da conscientização da sociedade sobre a necessidade de se realizar um desenvolvimento econômico, ambiental e social pautado por características sustentáveis. A legitimação da relevância da competência nas organizações concebe princípios de gestão que permitem respostas coerentes e ágeis para problemas sociais, ambientais e econômicos ocorrentes em âmbitos regionais, nacionais e internacionais, na contemporaneidade e no futuro (Jaques; Cason, 1994; Tanguy, 1997; Zarifian, 2003).

Lança-se, então, a prerrogativa de que as competências organizacionais constituem características valorosas que as qualificam como uma alternativa consistente para o alcance da sustentabilidade nas organizações e de um desenvolvimento sustentável. Logo, se desenvolvida por processos plenamente pautados por um domínio organizacional ético e aplicada por orientações interessadas em um bem-estar coletivo, a competência auxiliará a organização a comprovar sua sustentabilidade, uma vez que, já em um primeiro momento, recebe seus lucros por ações cientes de suas consequências sobre todos os *stakeholders* com os quais se relaciona. Essa sistematização de processos respaldados por um valor comum de evidenciar o valor social de cada indivíduo em relação ao meio que o ampara permitirá que este mesmo indivíduo instigue-se a constituir-se como um cidadão responsável sobre as consequências de suas atitudes para com toda a cadeia de relacionamento composta por organizações, instituições e outros indivíduos com os quais interage (Tanguy, 1997; Kaptein; Wempe, 2002; Zarifian, 2003; Freiling; Gersch; Goeke, 2008).

Em síntese, a lógica da competência pode interligar homens, organizações, instituições, sociedade e natureza por meio da assunção de uma compreensão sistêmica e retroalimentadora, pela qual cada uma dessas personagens sociais estabelece um compromisso maior comum, o de promover o desenvolvimento sustentável. Mediante esse contexto, o ser humano é valorizado, enquanto agente de mudanças, e as organizações são reconhecidas por serem um dos ambientes de recepção, tratamento e disseminação dessas ações.

Nesse contexto, o desenvolvimento sustentável, junto aos estudos organizacionais, pode ser compreendido como um agir organizacional, ou seja, um agir social circunscrito. Trata-se, portanto, de um fenômeno social de extrema relevância para as organizações. Por meio de discussões vinculadas ao desenvolvimento sustentável é promovido o interesse das organizações em alcançá-lo por vias de regulação (obrigatoriedade/imposição) ou por proatividade (voluntarismo). Trata-se, também, de um fenômeno possível de ser analisado em um contexto organizacional com elevada importância para a sociedade, a qual passa a exigir mecanismos de gestão, competentes, orientados para o desenvolvimento sustentável.

CAPÍTULO 6
Construindo um modelo para a gestão da sustentabilidade nas organizações

Considerações iniciais

Uma revisão realizada na literatura relacionada aos temas desenvolvimento sustentável, sustentabilidade e SO revelou a falta de um quadro teórico global e consolidado que permita a compreensão teórico-aplicada desses termos e de suas especificidades. Embora muitas propostas estejam em desenvolvimento, uma análise criteriosa mostrou que as definições envoltas aos termos são vagas, discordantes em aspectos éticos, ideológicos e práticos, além de carentes de uma base conceitual comum e unificadora para orientar os processos decisórios nas organizações. Há dúvidas até sobre o que deve ser sustentado, em que tempo e com que interesses. Outra lacuna encontrada reside na propositura de caminhos para se chegar ao desenvolvimento sustentável ou à SO. De forma geral, estão presentes na literatura as exigências, os indicadores, os efeitos, a história e a crítica, contudo, verifica-se pouco em relação a como articular esses conceitos sistemicamente para que se tornem ações e decisões organizacionais. Na tentativa de suprir parte desta lacuna, o presente capítulo almeja encontrar as bases que permitam sugerir uma inovação para tal, inicialmente no contexto organizacional.

As definições mais básicas de inovação sugerem que ela é uma mudança ou novidade induzida pela criatividade humana. A inovação é o resultado de um processo de interação entre os indivíduos, as organizações, os sistemas e as instituições, que procura encontrar uma direção na qual se desenvolver (Lambooy, 2005). A inovação pode revolucionar a organização e os mercados, ou pode alterá-las apenas marginalmente. Estudos sobre o papel da inovação nas mudanças econômicas, sociais e ambientais indicam uma tendência interdisciplinar. O que reforça o fato, segundo Fargeberg (2005), de que não existe uma única disciplina capaz de atender a todos os aspectos da inovação.

Meadows e Randers (1992) definem a sustentabilidade como uma estratégia de desenvolvimento que resulta na melhoria de qualidade da vida humana e na minimização simultânea dos impactos ambientais negativos. Nesse sentido, sugerem a gestão integrada, que representa a visão conexa e holística dos aspectos do desenvolvimento social, crescimento econômico e proteção ambiental. A integração das preocupações ambientais, sociais e econômicas na estratégia de gestão é essencial. Os autores reiteram, ainda, que, para atingir a integridade ecológica, fazem-se necessárias abordagens integradoras e holísticas para a gestão.

De acordo com Epstein (2008), para implantar uma estratégia de sustentabilidade eficaz é fundamental que os gestores:

- compreendam as relações causais entre as várias ações que podem ser tomadas;
- compreendam o impacto dessas ações sobre o desempenho da sustentabilidade;
- compreendam as reações prováveis dos *stakeholders* na corporação;
- compreendam os impactos potencial e real no desempenho financeiro;
- integrem a sustentabilidade em decisões operacionais, estratégicas e sobre a alocação de recursos;
- auxiliem colegas na gestão do paradoxo: melhorar desempenho social e financeiro simultaneamente;
- reconheçam que a estratégia, a liderança e o processo de implantação são componentes essenciais para a gestão da sustentabilidade.

Posto isso, o objetivo de propor um *modelo* representativo das ações e decisões necessárias ao alcance da SO mostra-se de extrema relevância, pois a SO, tendo em vista as construções apresentadas até aqui, pode ou até mesmo deve ser admitida como um objetivo organizacional estratégico, por um lado, e, por outro, como uma competência organizacional direcionadora de ações e decisões. Por essa razão, a lógica das competências foi designada como aquela que concederia aos processos e ações viabilizadores desse objetivo a solidez teórica cabível e as orientações objetivas para sua aplicabilidade em contexto organizacional.

O alinhamento da estratégia, estrutura de gestão, sistemas e medidas de desempenho mostra-se essencial para que as empresas sejam capazes de coordenar suas atividades e incentivar os funcionários rumo à implantação da sustentabilidade em contexto organizacional. Isso deve ser visto em um horizonte de longo prazo para que tanto os principais indicadores de desempenho e também os possíveis desvios de foco possam ser examinados. Segundo Epstein (2008), o processo de realimentação é um aspecto importante em modelos de sustentabilidade empresarial, pois vão desafiar e mudar as estratégias e suposições adotadas. Vários mecanismos devem ser adotados de modo que não dependam exclusivamente de dados relativos ao desempenho financeiro. Apropriados sistemas de controle de gestão devem, assim, ser capazes de proporcionar informações sobre os potenciais impactos ambientais e sociais causados pelas iniciativas concorrenciais em todos os níveis organizacionais. Sem sistemas adequados, as empresas não poderão usufruir dos benefícios associados ao desempenho da sustentabilidade.

Mas o que deve ser considerado para classificar uma empresa como sustentável? Até meados da década de 1970, uma empresa poderia ser considerada sustentável se fosse economicamente saudável, com um bom patrimônio e lucros crescentes, mesmo se houvesse dívidas. Para um país, isso representa um viés para a sociedade considerada de forma ampla, pois o desenvolvimento teria de incluir uma divisão da riqueza gerada pelo crescimento econômico, seja por meio de empregos criados, seja por meio de mais serviços sociais para a população em geral, além de esse crescimento não comprometer o capital natural. Atualmente, a abordagem do *triple bottom line*, conhecida também como os 3 Ps (*People, Planet and Profit*), vem proporcionando outras configurações para a organização sustentável, pois deverá se ater não somente ao quesito lucro, mas também e concomitantemente ao desenvolvimento social e à preservação ambiental em níveis crescentes de complexidade, conforme propõem van Marrewijk e Werre (2003).

Preceitos teóricos e bases de sustentação

Parte-se do princípio de que a SO é apenas uma das sustentabilidades que potencializam o alcance de um desenvolvimento sustentável global. A sustentabilidade, quando buscada pelas diversas formas de organizações existentes (empresas, universidades, ONGs, departamentos políticos etc.), constitui-se em intentos que primam pela busca de um equilíbrio macro de diversos sistemas sociais. O alcance desses intentos e a análise de suas consequências são o que concedem os alicerces institucionais, sociais, culturais e econômicos para a viabilização de um desenvolvimento sustentável sistêmico (Jiménez-Herrero, 2000; Lélé, 1991; Osório, Lobato e Castillo, 2005).

Conforme já salientado, a aproximação entre organizações e princípios da sustentabilidade ganha gradativa relevância na academia e no mercado em escala global. O elevado interesse pela sustentabilidade em organizações advém, principalmente, da globalização, pela qual a complexidade do mundo dos negócios eleva-se ininterruptamente. É por ela que demandas antes não existentes começam a cobrar especialmente das empresas privadas o desenvolvimento de mecanismos que comprovem um elevado nível de transparência em seus respectivos processos de negociação (Azapagic e Perdan, 2000; Dyllick e Hockerts, 2002; Azapagic, 2003; van Marrewijk, 2003; Jamali, 2006).

Organizações envolvidas ativamente no debate sobre sua sustentabilidade tentam identificar maneiras pelas quais possam desenvolver novas metodologias de gestão que confluam no aprimoramento de práticas relacionadas a cada um dos pilares que alicerçam esse fenômeno, e, consequentemente, contribuam de maneira mais coerente com o desenvolvimento sustentável sistêmico (Azapagic, 2003). Quando se fala nas dimensões, nos pilares, nos sustentáculos e, por que não, nas competências que fundamentam a SO, procura-se uma lógica que explique cientificamente essa divisão. Entre as muitas proposições, adotou-se a abordagem sistêmica de Passet (1996), a qual ressalta a interdependência de três pilares principais inseridos ao sistema de compreensão e acontecimento da sustentabilidade: o pilar econômico, o pilar ambiental e o pilar social.

Observando o exigido em cada pilar em comparação com as premissas do agir organizacional, nesse estudo os pilares foram convertidos em sustentabilidades componentes da SO por entender que isso traria mais objetividade e propriedade à discussão. Seriam, portanto, subsistemas da SO, aqui entendida dessa forma como uma representação sistêmica do equilíbrio dos subsistemas – agires organizacionais – sustentabilidade econômica, sustentabilidade ambiental e sustentabilidade social, conforme apresentado no Quadro 6.1.

Cada uma das sustentabilidades supramencionadas compõe um todo, um sistema. Representam, por um lado, capacidades organizacionais – competências – e, por outro, objetivos estratégicos. Muitos estudiosos, ambientalistas e governantes concordam que a sustentabilidade pode ser alcançada por meio do equilíbrio eficaz dos objetivos sociais, ambientais e econômicos (Meadows, Meadows e Randers, 1992).

Autores como Passet (1996), Elkington (1999), Dyllick e Hockerts (2002), McDonough e Braungart (2002) e O'Connor (2006) consideram que os pilares que alicerçam a sustentabilidade das organizações não são fenômenos desvinculados uns dos outros, mas sim coexistentes, cíclicos e dinâmicos, os quais, por meio de seus inter-relacionamentos, possibilitam o desenvolvimento de mecanismos que diagnosticam a sustentabilidade de uma organização.

Em busca de mecanismos para operacionalização e viabilização da SO, sondaram-se termos e conceitos representativos de ações objetivas, passíveis de serem analisados a partir de seus recursos constitutivos e medidos por indicadores que fossem capazes de retratar o alcance ou não dos elementos centrais da

QUADRO 6.1 | Definição das sustentabilidades componentes da SO.

SUSTENTABILIDADE ORGANIZACIONAL
Representação do equilíbrio sistêmico e balanceado dos agires organizacionais. Neste contexto, entende-se por equilíbrio o balanceamento de investimentos e resultados nas três sustentabilidades (econômica, ambiental e social), de acordo com os objetivos organizacionais e considerando *trade-offs*.

Sustentabilidade Econômica (SE)	Refere-se à viabilidade econômico/financeira. É um subsistema da SO representante da eficácia de dois agires organizacionais menores, a ecoeficiência e a inserção socioeconômica. Abrange tópicos como competitividade, oferta de empregos, penetração em novos mercados e lucratividade voltada para o longo prazo. Para alguns autores, é o principal alicerce do desenvolvimento sustentável, uma vez que, por meio dos lucros empresariais, empregos são gerados e, por conseguinte, melhores condições sociais são alcançadas por diversas comunidades. Trata-se da capacidade organizacional de apresentar um fluxo de caixa suficiente que assegure a liquidez necessária. Em suma, alcançar a SE significa que a organização realiza suas atividades de maneira responsável e reconhecida com retorno econômico e social para os envolvidos.
Sustentabilidade Ambiental (SA)	Refere-se à viabilidade ambiental. É um subsistema da SO representante da eficácia de dois agires organizacionais menores, a justiça socioambiental e a ecoeficiência. Abrange a prevenção dos impactos gerados pela organização nos sistemas naturais compostos por seres vivos e não vivos. Vai além de registrar a conformidade com as regulamentações governamentais e de iniciativas como reciclagem ou utilização eficiente de recursos energéticos, uma vez que não dispensa uma abordagem compreensiva das operações organizacionais, a qual deve se pautar pela avaliação dos impactos gerados pelos produtos da empresa, pelos processos e serviços cotidianos realizados, pela eliminação de gastos desnecessários e de emissões elevadas, além da minimização de práticas que podem afetar o acesso das gerações vindouras aos recursos naturais críticos.
Sustentabilidade Social (SS)	Refere-se à viabilidade social. É um subsistema da SO representante da eficácia de dois agires organizacionais menores, a inserção socioeconômica e a justiça socioambiental. Abrange a gestão do impacto que a organização gera nos sistemas sociais por meio de suas atividades operacionais. As expectativas dos diversos grupos sociais relacionados à organização são genuinamente consideradas. Em síntese, incorpora questões relacionadas ao desenvolvimento humano (educação, treinamento, saúde ocupacional, segurança no ambiente de trabalho e desenvolvimento de competências), à equidade (salários e benefícios justos, oportunidades igualitárias e ausência de discriminação no ambiente de trabalho) e às considerações éticas (direitos humanos, valores culturais, justiça intergeracional e justiça intrageracional).

Fonte: Elaborado pelo autor.

SO. Chegou-se a três construtos, que, combinados dois a dois, são considerados suficientes para se atingir as três sustentabilidades expostas no Quadro 6.1. Em seguida, os construtos são convertidos em competências de suporte: a ecoeficiência, a justiça socioambiental e a inserção socioeconômica sintetizados no Quadro 6.2 e detalhados na sequência.

A ecoeficiência refere-se, então, à capacidade de fornecimento de bens e serviços a preços competitivos que satisfaçam às necessidades humanas e proporcionem

QUADRO 6.2 | Os três pilares das sustentabilidades econômica, ambiental e social.

Ecoeficiência	Subagir que reflete a capacidade de fornecimento de bens e serviços a preços competitivos que satisfaçam às necessidades humanas e proporcionem qualidade de vida, ao mesmo tempo em que reduz progressivamente o impacto ambiental e o consumo de recursos. Combina entregas que diagnosticam o desenvolvimento ambiental com o desenvolvimento econômico.
Inserção socioeconômica	Subagir organizacional que reflete a capacidade da organização de promover mais justiça e igualdade, de forma que haja crescimento real dos funcionários nas diversas unidades organizacionais e níveis hierárquicos, com vistas a eliminar, gradativamente, os déficits sociais apresentados nos indicadores discutidos mundialmente. Combina entregas que diagnosticam o desenvolvimento econômico e o desenvolvimento social.
Justiça socioambiental	Subagir organizacional que reflete a capacidade organizacional de equalizar a distribuição dos benefícios e dos constrangimentos impostos pelo ambiente organizacional. Suas entregas definem que os grupos, em especial os mais vulneráveis, como as chamadas minorias, não sejam afetados desproporcionalmente pelos efeitos negativos da organização produtiva. Além disso, primam pelo direito de participação efetiva nas decisões que os afetam e pela compensação pelos constrangimentos por eles suportados. Combina entregas que diagnosticam o desenvolvimento ambiental e o desenvolvimento social.

Fonte: Elaborado por meio das contribuições de Azapagic (2003); Bujes (2008); Elkington (1999); Jamali (2006); Maggi (2006); Moreira (2006); Nusdeo (2002) e Passet (1996).

qualidade de vida, ao mesmo tempo em que reduz progressivamente o impacto ambiental e o consumo de recursos. Na visão de Piotto (2003), é o saber combinar desempenho econômico e ambiental, reduzindo impactos ambientais; usando mais racionalmente matérias-primas e energia; reduzindo os riscos de acidentes e melhorando a relação da organização com as partes interessadas (*stakeholders*). Entre os principais elementos da ecoeficiência estão: reduzir o consumo de materiais com bens e serviços; reduzir o consumo de energia com bens e serviços; reduzir a dispersão de substâncias tóxicas; intensificar a reciclagem de materiais; maximizar o uso sustentável de recursos renováveis; prolongar a durabilidade dos produtos; agregar valor aos bens e serviços. Denota, portanto, a capacidade organizacional de promover o desenvolvimento econômico aliado à preservação e conservação ambiental.

A justiça socioambiental, adaptando o conceito de Nusdeo (2002) ao contexto organizacional, trata da equalização da distribuição dos benefícios e dos constrangimentos impostos pelo ambiente organizacional. Objetiva que os grupos, em especial os mais vulneráveis, como as chamadas minorias, não sejam afetados desproporcionalmente pelos efeitos negativos da organização produtiva. Além disso, prima pelo direito de participação efetiva nas decisões que os afetam e compensação pelos constrangimentos por eles suportados. A concretização da ideia de justiça socioambiental, assim, tem uma dimensão substantiva, relacionada à distribuição dos benefícios, riscos e impedimentos, e também um aspecto procedimental, relacionado à participação da população afetada nas decisões das políticas ambientais que as atingem. Portanto, a justiça socioambiental denota a capacidade organizacional de realizar o gerenciamento, a preservação e a conservação ambiental aliados ao desenvolvimento social.

Já a inserção socioeconômica, adaptando a visão de Bujes (2008) e Moreira (2006) ao contexto organizacional, é uma competência capaz de viabilizar o engajar da organização em favor do coletivo, de modo que todos os funcionários possam ter acesso à informação, alimentação, saúde, educação, habitação, trabalho, renda e dignidade compatíveis com sua posição hierárquica. Isso envolve a mobilização organizacional na promoção de mais justiça e igualdade de forma que haja crescimento real nas diversas unidades organizacionais e níveis hierárquicos, com vistas a eliminar, gradativamente, os déficits sociais apresentados nos indicadores discutidos mundialmente. Observa-se ligação direta com a melhor formação das pessoas. Essa formação deve contribuir publicamente para melhores condições de exercer ação frente aos novos desafios tecnológicos e competitivos. Portanto, a inserção socioeconômica denota capacidade organizacional de promover o desenvolvimento social aliado ao desenvolvimento econômico. Os inter-relacionamentos propostos podem ser vistos na Figura 6.1.

Quando validadas, tais competências permitem retratar um equilíbrio organizacional sistêmico representante da conquista das sustentabilidades econômica, ambiental e social e, em consequência, da SO. Tudo isso contribuirá para um equilíbrio maior de interesses relacionados a cada uma das sustentabilidades, as quais, lastreadas pelas premissas do agir organizacional, ainda que inconscientemente, proverão um entendimento de desenvolvimento coletivo, com objetivos compartilhados, coordenados e em contexto de cooperação.

Enfim, as interações sugeridas permitem analisar e equilibrar a relação de conflitos entre interesses econômicos, sociais e ambientais e exigem um novo raciocínio de gestão que seja capaz de integrá-los no cotidiano decisório das organizações.

Elaborando o modelo

Dada a importância de os termos em análise encontrarem-se alinhados, buscou-se entendimento sobre o que seria estar alinhado em contexto organizacional. Em pesquisas relacionadas à estratégia, o alinhamento denota agrupamento, coesão,

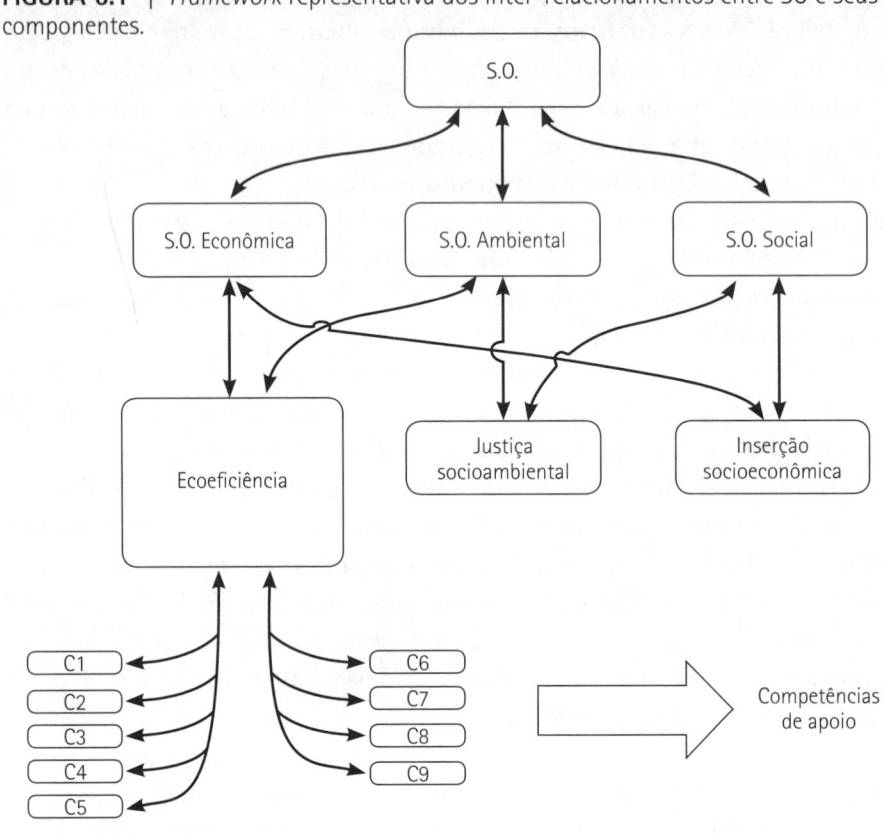

FIGURA 6.1 | *Framework* representativa dos inter-relacionamentos entre SO e seus componentes.

```
                            S.O.
              ┌──────────────┼──────────────┐
        S.O. Econômica   S.O. Ambiental   S.O. Social

                              Justiça          Inserção
        Ecoeficiência      socioambiental   socioeconômica

    C1 ──┐         ┌── C6
    C2 ──┤         ├── C7              ──▶  Competências
    C3 ──┤         ├── C8                   de apoio
    C4 ──┤         ├── C9
    C5 ──┘
```

Fonte: Cella-de-Oliveira, 2011.

ajuste e congruência entre diferentes dimensões, podendo ser discutido simultaneamente como processo e resultado. Por essa razão, é assumido como uma dinâmica de ajuste da organização com o ambiente, ou como um mecanismo de mobilização dos recursos organizacionais em função da interatividade inerente aos processos estratégicos (Galbraith e Kazanjiam, 1986).

Como já ressaltado, o desenvolvimento sustentável constitui um fenômeno sistêmico dependente de uma série de sustentabilidades, entre as quais a SO, a qual representa o equilíbrio de todo um sistema, amparado por processos relacionados ao desenvolvimento sustentável organizacional, que se responsabiliza pelo equilíbrio de cada subsistema organizacional e suas respectivas interações. Ao se converterem os subsistemas da SO em competências, em agires, criam-se mecanismos aplicados de gestão capazes de aglutinarem-se e constituírem-se em uma arquitetura de competências descritora e orientadora do acontecimento da SO.

CAPÍTULO 6 – CONSTRUINDO UM MODELO PARA A GESTÃO DA SUSTENTABILIDADE NAS ORGANIZAÇÕES

Assim, fundamentando-se nos conceitos já definidos e interagidos, entende-se aqui a SO como uma competência central, viabilizada pela justaposição das competências-chave: sustentabilidade econômica, sustentabilidade ambiental e sustentabilidade social, que, por suas vezes, são viabilizadas pela interação e atendimento das competências de apoio, ecoeficiência, justiça socioambiental e inserção socioeconômica. Nesse sentido, a SO, um agir organizacional, uma competência central, pode ser compreendida e gerida a partir da arquitetura de competências apresentada na Figura 6.1.

É fundamental lembrar que esse agir organizacional – SO – está articulado ao agir social e vinculado à estratégia organizacional, bem como a uma série de recursos organizacionais. Prioriza-se, assim, o âmbito das competências que constituem, em suma, o agir organizacional mobilizador de recursos e formador de uma cadeia de relacionamento capaz de retratar o caminho para o acontecimento da SO. Contudo, ressalta-se o que já foi dito anteriormente: como esse agir social vai muito além do escopo de ação gerido e assimilado internamente pelas organizações, é fundamental que sejam consideradas as influências externas no modelo.

Assim, a lógica das competências concede orientações para se gerir os quesitos relacionados à sustentabilidade das organizações, pois permite delimitar e orientar ações objetivas e coerentes com os respectivos "agires organizacionais" pretendidos. Também é responsabilidade das competências delimitar as qualificações que permitirão às organizações o *status* de serem qualificadas como sustentáveis. O raciocínio é razoavelmente simples e criar um ciclo de aprendizagem. Esse ciclo não necessariamente possui um início ou um fim, pois as estratégias são formuladas a partir da operacionalização sistêmica dos recursos – competências organizacionais – que, por conseguinte, são influenciados e modificados pela resposta obtida pela estratégia, o que novamente provoca e até mesmo exige novas configurações dos recursos, que poderão ou não implicar modificações, ou até na necessidade de uma nova estratégia. O ciclo proposto posiciona a aprendizagem, embora se entenda que ela ocorra em todas as fases do processo, em seu final formal. Nessa fase, ela tende a ocorrer com parâmetros consistentes e coerentes de modo a melhor orientar a revisão dos recursos e sua articulação diante dos objetivos estratégicos.

O ciclo proposto na Figura 6.2, que lastreará a construção de competências voltadas à sustentabilidade, fundamenta-se sob a égide do seguinte raciocínio: a organização identifica seus recursos ou a sua falta ou excesso, em seguida, trabalha no preenchimento de lacunas, se houver, e logo depois na articulação, constituindo ou identificando competências; a partir das competências identificadas,

FIGURA 6.2 | Representação do ciclo de aprendizagem para a formação mediada de competências para a sustentabilidade.

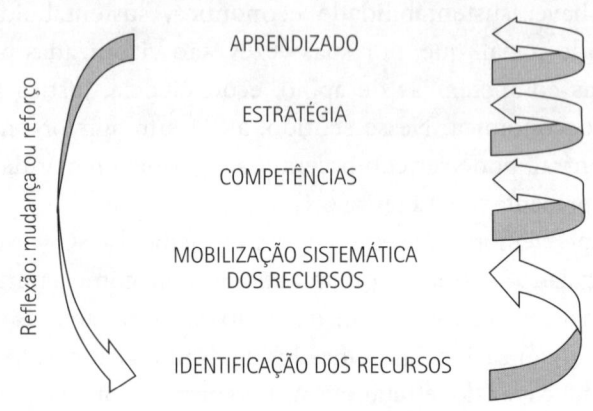

```
                                    APRENDIZADO

                                    ESTRATÉGIA
    Reflexão: mudança ou reforço
                                    COMPETÊNCIAS

                                    MOBILIZAÇÃO SISTEMÁTICA
                                    DOS RECURSOS

                                    IDENTIFICAÇÃO DOS RECURSOS
```

Fonte: Elaborado pelo autor.

estuda-se a melhor estratégia a ser proposta; na execução da estratégia, aprende-se conforme os erros, acertos, carências e sobras em termos de recursos e competências; consequentemente, desencadeia-se um processo de mudança mediado no sentido de adquiri-los, aprimorá-los ou corrigi-los.

Logo, enquanto a competência fundamenta a capacidade de as organizações desenvolverem-se sustentavelmente (um agir organizacional) em consonância com o agir social, a articulação entre diferentes níveis de competências conectará os conhecimentos organizacionais referentes às preocupações sociais, econômicas e ambientais e, por meio de processos devidamente compreendidos, concederão cada vez mais força e objetividade a este relacionamento. Alcança-se assim as descrições e explicações que fundamentam o *MRS.org* (modelo para a realização da SO), considerado em permanente aprimoramento, conforme verificado na Figura 6.3.

Medindo e avaliando

As propostas de medição da sustentabilidade são sempre complexas. Envolvem uma série de variáveis, incluindo ideologias, correntes, preconceitos e até mesmo um número infindável de possíveis indicadores. Nesse sentido, buscou-se por uma representação capaz de traçar as diretrizes básicas para que as organizações tivessem uma referência e pudessem particularizá-la a seu modo. Contudo, sem ferir seus conceitos norteadores e princípios básicos.

CAPÍTULO 6 – CONSTRUINDO UM MODELO PARA A GESTÃO DA SUSTENTABILIDADE NAS ORGANIZAÇÕES

FIGURA 6.3 | Modelo representativo da realização da SO (MRS.org)

Fonte: Elaborado pelo autor.

Conforme destacado ao longo do texto, é fundamental o alinhamento entre os intentos organizacionais e o modelo de gestão da sustentabilidade proposto. Nesse sentido, o *framework* a seguir ilustra a referida interligação, destacando o papel das competências organizacionais como conhecimento institucionalizado e as competências individuais como as que dão fluidez ao processo de desenvolvimento.

FIGURA 6.4 | *Framework* representativo do ciclo de gestão voltado à sustentabilidade organizacional.

Fonte: Elaborado pelo autor.

Como o modelo MRS.org é lastreado pelos princípios das teorias do agir organizacional e das competências, buscou-se uma metodologia eficiente em medi-las. Um método consistente de medição, embora voltado para a avaliação de competências individuais, encontrado e alinhado com os preceitos do presente estudo foi o apresentado por Dutra (2001; 2004). Nele, a noção de competências articula-se à noção de complexidade na medida em que pessoas com maior nível de desenvolvimento são capazes de maior abstração e, portanto, possuem competências em maior grau de sofisticação do que profissionais "menos" desenvolvidos. Nesse raciocínio, dois profissionais podem, por exemplo, ter a competência "raciocínio analítico"; porém, para um profissional em nível operacional, essa capacidade está associada à resolução de problemas operacionais, de abrangência restrita à sua área; já para um profissional em nível estratégico, a capacidade analítica inclui considerar interesses dos diversos *stakeholders* (governo, conjunto dos funcionários, clientes, fornecedores, concorrentes), o que eleva a competência associada a um nível de complexidade superior. Segundo Dutra (2004), subjacente às ideias de competência e complexidade está o pressuposto de que profissionais atuantes em níveis de complexidade mais elevados agregam maior valor à organização. Dessa forma, os conceitos de competência, complexidade e agregação de valor se complementam e podem constituir a base para a construção de um sistema de gestão do desenvolvimento.

Almejando um melhor entendimento do modelo de medição de competências apresentado por Dutra, uma vez que ele será utilizado como base para estabelecer uma proposta de avaliação da SO, apresenta-se, a seguir, as suas bases. Elas são complexidade, espaço ocupacional e entrega. Essas bases servem como orientação para a construção de eixos de desenvolvimento, que traduzem a possível trajetória evolutiva do indivíduo na organização. Esses eixos são divididos em níveis de complexidade; para cada nível de complexidade são definidos conjuntos de competências; cada nível tem também definido seus "inputs", chamados "requisitos de acesso", que seriam a formação, a experiência e o conhecimento necessários para acessar o nível, e cada competência, que compõe o nível, tem seus respectivos "outputs", chamados "atribuições e responsabilidades", que seriam as entregas esperadas do indivíduo em cada competência. Uma representação gráfica da definição do eixo e níveis de complexidade encontra-se na Figura 6.5. A figura já inicia uma visualização da proposta de conversão e adaptação das premissas de avaliação do modelo de Dutra para o modelo MRS.org.

Ao detalhar o processo de avaliação das competências, visualiza-se que ele fundamenta-se na verificação do nível de enquadramento de um determina-

FIGURA 6.5 | Representação de níveis de complexidade propostos por Dutra (2004) aliados às proposições do MRS.org.

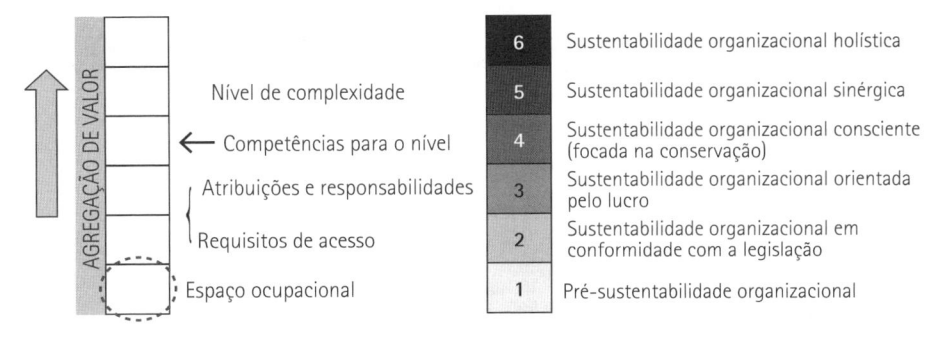

6	Sustentabilidade organizacional holística
5	Sustentabilidade organizacional sinérgica
4	Sustentabilidade organizacional consciente (focada na conservação)
3	Sustentabilidade organizacional orientada pelo lucro
2	Sustentabilidade organizacional em conformidade com a legislação
1	Pré-sustentabilidade organizacional

AGREGAÇÃO DE VALOR ↑

- Nível de complexidade
- ← Competências para o nível
- Atribuições e responsabilidades
- Requisitos de acesso
- Espaço ocupacional

do funcionário em um determinado nível de complexidade. Por exemplo, um funcionário "A", posicionado atualmente no nível de complexidade "4", teria de atender às competências exigidas pelo alcance da SO consciente. Nesse sentido, verifica-se o seu atendimento às "atribuições e responsabilidades" de cada uma das competências, e depois o seu atendimento aos "requisitos de acesso" do nível atribuindo as notas 0 (não atende), 10 (atende) ou 20 (supera). Com base nos resultados alcançados, verifica-se a sua atual situação de enquadramento por meio da matriz de endereçamento do desenvolvimento para, em seguida, determinarem-se as ações a serem tomadas. Uma simulação desse processo pode ser visualizada nas Figuras 6.6, 6.7 e 6.8 a seguir.

FIGURA 6.6 | Avaliação do atendimento a atribuições e responsabilidades.

Nível de complexidade 4				
		Avaliação		
Competências	Atribuições e responsabilidades	NA	A	S
		0	10	20
Autodesenvolvimento Gestão do conhecimento	Repassa assuntos pertinentes à sua unidade, visando à manutenção e reciclegem de conhecimento, respondendo pela capacitação dos operadores de sua área, servindo como modelo de capacitação técnica.		X	
Aprimoramento criativo de processos e produtos	Aprimora de forma criativa os processos da área, prevendo as prováveis consequências de suas ações; é procurado para se discutir e sugerir mudanças em processos ou propostas de inovação.		X	

Continua

Continuação

Nível de complexidade 4		Avaliação		
Competências	Atribuições e responsabilidades	NA 0	A 10	S 20
Flexibilidade (multifuncionalidade)	Assume diversos papéis dentro de sua área de atuação.		X	
Inter. Sist. Inf. / Complex. Tarefas	Opera novos processos, visando prever ou identificar causas para problemas.		X	
Total = (0 + 30 + 0) = 30 Valor = 30/6* (índice de competência) = 5 * número de competências no nível		0	30	3

Fonte: Dutra (2001, p. 58).

FIGURA 6.7 | Avaliação do atendimento aos requisitos de acesso.

Nível de complexidade 4		Avaliação		
Requisitos de acesso		NA 0	A 10	S 20
Formação	* 2º grau completo ou técnico em químico		X	
Experiência	* 2º grau – 3 anos ou técnico em química – 2 anos		X	
Conhecimento	* Operação de 5 setores	X		
Total = (0 + 20) = 20 Valor = 20/3 (índice requisitos) = 6,67		1 × 0	2 × 10	0 × 20

Fonte: Dutra (2001, p. 58).

Após análise do índice de atendimento aos requisitos de acesso **(6,67)** e de atribuições e responsabilidades **(5,0)**, verifica-se, pela matriz de endereçamento, qual seria a melhor ação para o funcionário "x", que, como visto, seria promover o desenvolvimento, tanto nos requisitos de acesso como nas atribuições e responsabilidades; o funcionário está abaixo das exigências do nível de complexidade no qual se encontra. Neste caso, ações específicas estariam voltadas, tendo por base os "requisitos de acesso" não atendidos, para aumentar a experiência do funcionário em setores não conhecidos e, tendo por base as "atribuições e responsabilidades não atendidas", oferecer treinamento na área de qualidade, flexibilidade e inovação. Esses passos deverão ser seguidos na avaliação de todos os funcionários da organização, em seus respectivos setores. Verifica-se, desde já, em razão

CAPÍTULO 6 – CONSTRUINDO UM MODELO PARA A GESTÃO DA SUSTENTABILIDADE NAS ORGANIZAÇÕES

FIGURA 6.8 | Matriz de endereçamento.

Requisitos de acesso			
Supera 20	**Analisar:** Relação com a chefia Desmotivação Comportamento **Oferecer:** Treinamento comportamental	Oferecer atribuições mais complexas	Promoção, revisão salarial
Atende 10		**Adequação total**	Oferecer capacitação para mais enquadramento
	Analisar situação [X]	Oferecer capacitação técnica	
Não atende 0	0 Não atende	10 Atende	20 Supera

Atribuições e responsabilidades

Fonte: Dutra (2001, p. 59).

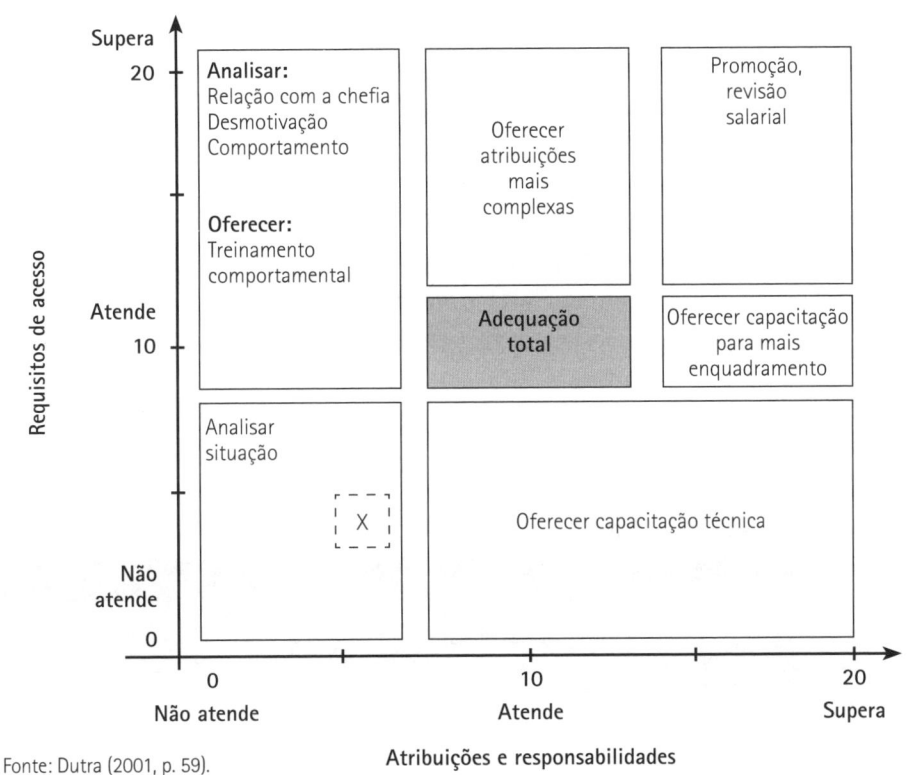

do grande volume de dados, a necessidade de uma ferramenta tecnológica que dê suporte à análise.

Depois de devidamente explicado o processo de avaliação de competências proposto por Dutra (2001; 2004), seguir-se-á com as explicações das proposições de avaliação da SO fazendo uso da mesma lógica, contudo, adequada aos preceitos conceituais da SO aqui defendidos.

Para avaliar a SO, considerada no modelo MRS.org uma competência central para as organizações, ela será contextualizada em um eixo de desenvolvimento sustentável composto pelos seis níveis de complexidade da sustentabilidade propostos por van Marrewijk e Werre (2003). Cada nível de complexidade terá suas competências e respectivas entregas e também seus requisitos de acesso. Ambos, entregas e requisitos de acesso, variarão conforme os preceitos do nível a que se quer avaliar. As Figuras 6.9, 6.10, 6.11 e 6.12 a seguir ilustram o processo.

FIGURA 6.9 | Encadeamento de objetivos operacionais, táticos e estratégicos da SO.

```
OBJETIVO ESTRATÉGICO
SUSTENTABILIDADE ORGANIZACIONAL

OBJETIVOS TÁTICOS
SUSTENTABILIDADE ECONÔMICA
SUSTENTABILIDADE AMBIENTAL
SUSTENTABILIDADE SOCIAL

OBJETIVOS OPERACIONAIS
INSERÇÃO SOCIOECONÔMICA
ECOEFICIÊNCIA
JUSTIÇA SOCIOAMBIENTAL
```

Fonte: Elaborado pelo autor.

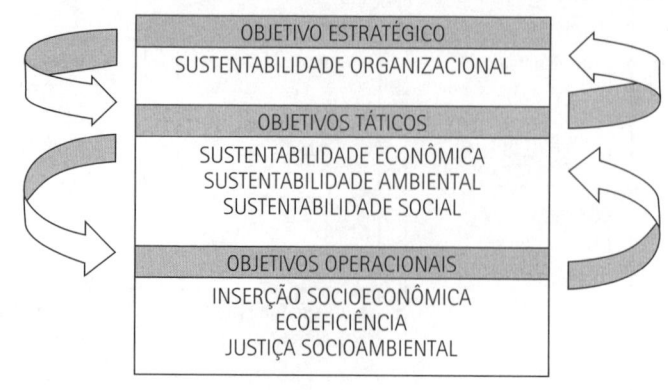

FIGURA 6.10 | Avaliação do atendimento a atribuições e responsabilidades da SO.

Exemplo: sustentabilidade organizacional sinérgica complexidade S					
Competências	Entregas (*outputs*)	N.A. (0)	E.D. (10)	A (20)	S (30)
Sustentabilidade Econômica	**Ecoeficiência:** registra entregas essencialmente voltadas para o alcance da eficácia econômica.		X		
	Inserção socioeconomica: registra entregas essencialmente voltadas para o alcance dos aspectos econômicos da inserção.			X	
Sustentabilidade Ambiental	**Ecoeficiência:** registra entregas essencialmente voltadas para o alcance da eficácia ambiental.			X	
	Justiça socioambiental: registra entregas essencialmente voltadas para o alcance dos aspectos ambientais da justiça.		X		
Sustentabilidade Social	**Inserção socioeconômica:** registra entregas essencialmente voltadas para o alcance dos aspectos sociais da inserção.		X		
	Justiça socioambiental: registra entregas essencialmente voltadas para o alcance dos aspectos sociais da justiça	X			
Total: (0 + 30 + 40 + 0)/6 = 11,16		1 × 0	3 × 10	2 × 20	0 × 30

Fonte: Elaborado pelo autor.

FIGURA 6.11 | Avaliação do atendimento aos requisitos de acesso ao nível de SO avaliado.

Nível de complexidade da sustentabilidade: 5 (sinérgica)					
Recursos (*inputs*)	O que verificar?	N.A. (0)	E.D. (10)	A (20)	S (30)
Conhecimentos sobre a estratégia do negócio	Entendimento comum sobre a estratégia organizacional.			X	
	Outro...			X	
Lideranças capacitadas e conhecedoras dos preceitos da sustentabilidade	Líderes demonstram domínio conceitual.			X	
	Líderes foram devidamente treinados para lidar com o desenvolvimento sustentável.			X	
Lideranças conhecedoras dos princípios de gestão impostos pelo modelo MRS.org	Líderes demonstram domínio frente ao modelo de gestão da sustentabilidade.	X			
	Outro...			X	
Total: (0 + 50 + 0 + 0)/6 = 8,3		1 × 0	5 × 10	0 × 20	0 × 30

Fonte: Elaborado pelo autor.

Conforme orienta o MRS.org, a competência central "Sustentabilidade Organizacional" é composta de três competências-chave (sustentabilidade org. econômica, ambiental e social), as quais deverão ser plenamente atendidas para certificarem a SO. Cada uma das competências-chave terá duas competências de suporte que deverão ser também plenamente atendidas. As competências de suporte passam à categoria de entregas da SO distribuídas conforme os preceitos das competências-chave para o nível de complexidade avaliado. A avaliação das entregas listadas na Figura 6.8 em cada uma das competências-chave se dará utilizando uma escala semelhante à proposta por Dutra (2004), contudo, utilizando notas de 0 a 30 e acrescentando a possibilidade de classificação como E.D. (em desenvolvimento).

Uma importante observação sobre o sistema de avaliação é que as competências de suporte conforme delimita o MRS.org combinam-se duas a duas para compor as competências-chave, contudo, priorizam-se as entregas conforme o enfoque de cada uma em sua respectiva sustentabilidade. Isso permite equilibrar o sistema, uma vez que o atendimento pleno é requerido para se conferir o alcance da SO. Qualquer benefício intencional a uma das competências de suporte implicará modificações no sistema como um todo.

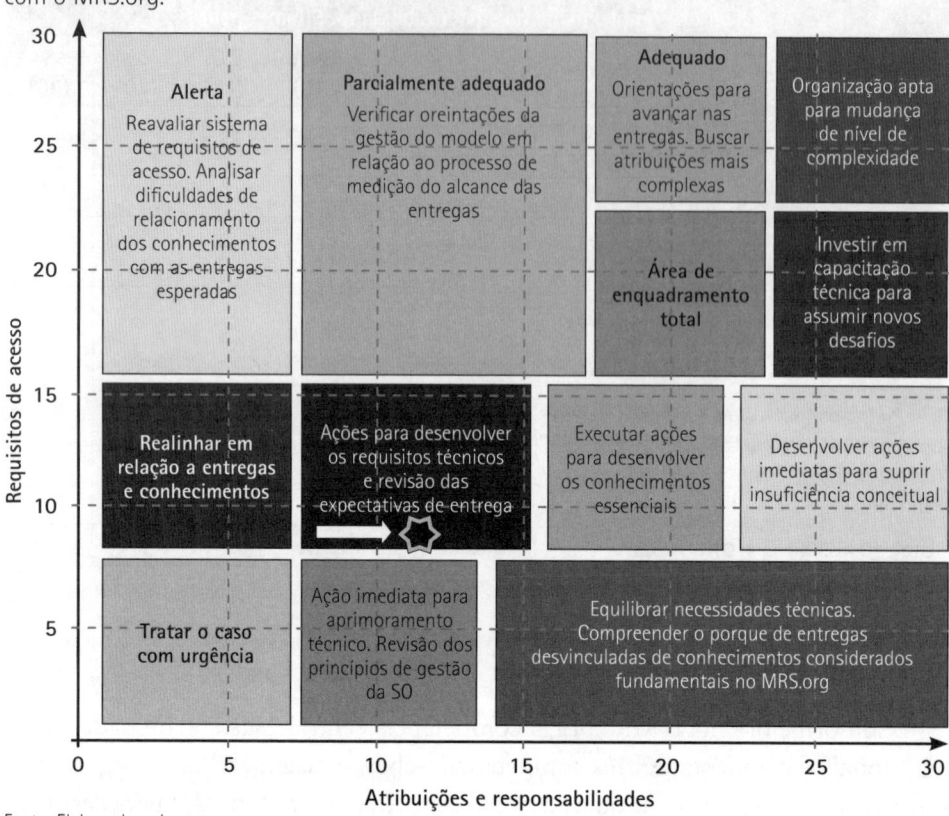

FIGURA 6.12 | Matriz de endereçamento da sustentabilidade organizacional em acordo com o MRS.org.

	0-5 Atribuições	5-10	10-15	15-20	20-25	25-30
20-30 Requisitos de acesso	**Alerta** Reavaliar sistema de requisitos de acesso. Analisar dificuldades de relacionamento dos conhecimentos com as entregas esperadas		**Parcialmente adequado** Verificar oreintações da gestão do modelo em relação ao processo de medição do alcance das entregas		**Adequado** Orientações para avançar nas entregas. Buscar atribuições mais complexas	**Organização apta para mudança de nível de complexidade**
15-20					**Área de enquadramento total**	**Investir em capacitação técnica para assumir novos desafios**
10-15	**Realinhar em relação a entregas e conhecimentos**		Ações para desenvolver os requisitos técnicos e revisão das expectativas de entrega		Executar ações para desenvolver os conhecimentos essenciais	**Desenvolver ações imediatas para suprir insuficiência conceitual**
0-5	**Tratar o caso com urgência**		Ação imediata para aprimoramento técnico. Revisão dos princípios de gestão da SO		Equilibrar necessidades técnicas. Compreender o porque de entregas desvinculadas de conhecimentos considerados fundamentais no MRS.org	

Atribuições e responsabilidades

Fonte: Elaborado pelo autor.

Em relação à outra entrada da avaliação (os *inputs*), como na competência organizacional já há o pressuposto da mobilização de recursos para as entregas, fez-se uso da verificação de conhecimentos fundamentais para que as entregas esperadas possam ser devidamente atendidas. São esses conhecimentos que, se difusos, podem delinear entregas incoerentes com os princípios da sustentabilidade, bem como com a estratégia adotada.

A avaliação realizada demonstra, a partir dos resultados alcançados, quais são as ações centrais a serem adotadas pela organização. No exemplo dado, tendo em vista o não atendimento das entregas esperadas pela competência justiça socioambiental na sustentabilidade ambiental e pela falta de domínio de um dos requisitos acesso – domínio dos gestores em relação ao modelo de gestão implantado na organização –, pode-se afirmar que essas seriam então as linhas mestras e prioritárias de ações para a busca da adequação total e aferição da SO. Ademais, o modelo de avaliação permite quaisquer outras combinações de entregas, desde que devidamente mantidos os preceitos da SO estabelecidos pelo modelo. Ou seja, as competências sempre serão as mesmas, mas o nível das entregas variará, conforme o conjunto de valores a que a organização deseja ou tem acesso.

Considerações sobre o modelo proposto

Ao introduzir as premissas do agir organizacional e adotá-lo como norteador da construção de uma sequência de processos interconectados que formam uma rede descritora e interlocutora das exigências para se chegar à SO, encontrou-se um macroagir organizacional orientado para a sustentabilidade da organização, não completo em si, mas conhecedor de que a organização depende de inúmeros atores sociais inseridos em contextos que vão além daqueles controlados por processos de gestão controlados pela administração das empresas. Esse agir é essencialmente promotor de um intuito interno de desenvolvimento de métodos e rotinas de gestão que se preocupem em ofertar não somente para si mesma, mas para todos que com ela mantêm contatos, resultados sustentáveis. Enfim, explicou-se como a SO expressa a capacidade da organização desenvolver-se sustentavelmente, bem como o trajeto para tal; o qual se caracteriza por estar em permanente construção, nunca acabado e disseminado por todos os níveis.

Ao se buscar os agrupamentos de competências necessários para viabilizar a conquista da sustentabilidade organizacional chegou-se a três grupos de competências traduzidos como agires e ordenados de forma a atuarem ao mesmo tempo como objetivos e indicadores das ações e decisões para se chegar à SO. Os grupos atuam de forma alinhada, interconectada e se retroalimentando.

Ao se buscar validar a justaposição da abordagem das competências com a SO, chegou-se ao preceito de gestão viabilizadora da inserção dos princípios da sustentabilidade nas ações e decisões organizacionais. Embora seja uma validação encontrada por meio da descrição e explicação das complementaridades entre as temáticas em estudo, tendo em vista a lacuna conceitual sobre a aplicabilidade da SO, a aproximação em pauta concede rumos, no mínimo, coerentes para as ações e decisões, bem como meios para melhor compreendê-las e modificá-las, diante dos desafios ambientais e agires sociais.

Diante das discussões estabelecidas ao longo da obra, destacam-se ainda os seguintes comentários: mantém-se o entendimento de que a SO é um sistema composto e mantido por seus subsistemas SE, SA e SS, que, por sua vez, são mantidos e compreendidos pelos subsistemas ecoeficiência, justiça socioambiental e inserção socioeconômica. Isso reforça a relação de mútua influência, deixando claro que qualquer modificação em uma parte influenciará o todo. Enfim, ao desenvolver uma competência, o sistema inteiro se beneficia, pois os próprios investimentos em desenvolvimentos estão vinculados ao desenvolvimento coletivo. Ou seja, o raciocínio é eminentemente articulador e mutuamente dependente. Além disso, considera *trade-offs*.

Articular o agir organizacional à temática SO significa buscar preencher espaços deficientes nessa relação, de forma a buscar compreender o processo de acontecimento e suas prováveis e necessárias variâncias. Significa também não ater-se em ações isoladas, muitas vezes alardeantes de um fim próximo do mundo, outras vezes ingênuas quanto à sua viabilidade e aos seus efeitos. Aqui, propõe-se que os agires organizacionais sejam regulados, alinhados, coordenados e que alcancem a razão máxima permitida pelas mentes humanas envolvidas. Ainda que as competências apresentem esse potencial de orientar a gestão da sustentabilidade, se ambas não estiverem articuladas, haverão processos desintegrados que podem acarretar falta de coesão estratégica, situação que confluiria em prejuízos econômicos, sociais e ambientais ainda maiores.

Por fim, acredita-se que o MRS.org introduz aos estudos das organizações a validação, ainda que teórica, da importância da justaposição dos termos como meio de viabilizar a realização da SO. Raciocinar nesse sentido pode permitir às organizações avançar rumo à aplicação de algo que atualmente parece tão distante. A grande contribuição situa-se talvez nas características centrais do agir organizacional em diferentes situações: *a finalização*, que constitui a compreensão da relação meios/fins/resultados; *a estruturação do processo*, que envolve a articulação de processos e o entendimento das ações como racionalmente limitadas e intencionais; *a cooperação*, incitadora do poder das ações e efetividade das decisões, as quais, por suas vezes, influenciam as estratégias organizacionais e os relacionamentos sociais cooperativos.

Ressalta-se, por último, que o modelo continua em construção, entende suas lacunas e encontra-se aberto para sugestões de aprimoramento.

CAPÍTULO 7
Considerações finais

Ao longo desta obra, foi possível depreender várias interpretações sobre a gestão da sustentabilidade, bem como para o desenvolvimento sustentável, principalmente no que se refere ao contexto organizacional. Observou-se que líderes de empresas em todo o mundo, particularmente daquelas situadas nos países desenvolvidos, estão promovendo iniciativas e práticas de sustentabilidade em suas empresas, pois perceberam a importância desta plataforma para a sobrevivência em face dos novos padrões concorrenciais impostos pelas premissas tidas como sustentáveis (Eweje, 2011). O reconhecimento da necessidade de incluir no processo decisório empresarial práticas de cunho sustentável traz consigo inúmeras oportunidades, bem como inúmeros desafios. Estes formarão o eixo delineador das discussões que seguem.

Inicialmente, vê-se como **desafios** a adoção de orientações paradigmáticas intermediárias, aquelas que unem e melhoram versões econômicas e ambientais extremas. Isso em razão da necessidade de releituras e reincorporações de conceitos e redefinição de paradigmas dominantes. Contudo, provou-se ser pertinente às organizações a incorporação de um novo paradigma, centrado na sustentabilidade, que inclua o equilíbrio de aspectos econômicos, ambientais e sociais por uma via participativa e colaborativa entre os agentes sociais que fazem parte das organizações. Além disso, mostrou-se fundamental a inclusão nas propostas da racionalidade imposta pela perspectiva dos *trade-offs*. Tudo isso converge no fato de que as escolhas organizacionais sejam realizadas de forma balanceada, considerando ganhos e perdas nos níveis social, industrial, organizacional e individual. Hahn et al. (2010) salientam que a magnitude de transformações requeridas pelo DS nesses quatro níveis permite inferir a improvável dominância da perspectiva do ganha-ganha e da negação dos *trade-offs* por muito tempo. Porém, admite-se que a discussão acerca dos *trade-offs* situa-se em sua infância, logo, futuras pesquisas devem desenvolver ferramentas que sejam capazes de aferir e avaliar situações de *trade-off* na SO a fim de incluí-las nas estratégias de gestão.

Um exemplo exposto nos trabalhos realizados por Acserald (2002) e Veiga (2007) descreve a (in)justiça ambiental na distribuição espacial desigual da poluição, pois ela ocorre em maior volume segundo a raça e o nível socioeconômico das populações, prejudicando em maior escala minorias. Neste caso, os estudos, bem como as iniciativas organizacionais devem pensar em longo prazo, no sentido de estudar a igualdade de impactos, se necessários, de suas atividades para as diversas as comunidades envoltas à sua atuação. As implicações destas análises deverão ser refletidas no próprio conceito de SO à medida que trazem contribuições amplas, ignoradas pelo *mainstream* que reflete a perspectiva do ganha-ganha.

Sob esse prisma conceitual, Dyllick e Hockerts (2002) sugerem que, por causa do conceito de sustentabilidade ser ainda tão obscuro, **desafios** aparecem na medida em que muita atenção deve ser tomada nas construções teóricas acerca da SO. Futuras pesquisas devem considerar a existência de lacunas no *triple bottom line*, muita confusão ao aplicá-lo ainda pode ser gerada. Inclusive é preciso ponderar sobre os riscos políticos que podem levar a comprometimentos pessoais em vez de aperfeiçoamentos na gestão. Outro elemento a ser considerado é que, segundo uma pesquisa realizada por Hahn e Scheemesser (2005), a sustentabilidade não significa o mesmo para todas as empresas, o que leva a abordagens corporativas e declarações gerais diferentes sobre o papel que elas assumem diante do DS.

Conforme demonstrou van Marrewijk (2003), a SO deve realmente considerar o contexto; desse modo, cada empresa deve adotar a definição que melhor se configura com seus objetivos e estratégias. Isso deve ser uma decisão estratégica e não interesseira. Isso significa que se situar em um ou outro nível de sustentabilidade denota maturidade ao escolher conforme seu sistema de valor e os arranjos institucionais a que pertence. Estas argumentações **oportuniza** conceituar a SO de acordo com o contexto vivido, mas considerando parâmetros macro. Por exemplo, os definidos pelo setor de atividade do qual faz parte.

Para que a contextualização da definição de SO seja enriquecida, o caminho é inserir e gerenciar os elementos componentes da SO, pois seu tratamento, muitas vezes, tem sido negligenciado ou trabalhado de maneira isolada por acadêmicos e empresários. Para este estudo, os principais seriam: a ecoeficiência, a inserção socioeconômica e a justiça socioambiental. A despeito de reconhecida a necessidade de melhor desenvolvimento desses termos, acredita-se que grandes contribuições podem advir da sua adoção teórica e prática diante dos esforços em prol da realização da sustentabilidade em contexto organizacional.

CAPÍTULO 7 – CONSIDERAÇÕES FINAIS

Ao constatar que o contexto é imprescindível para que a organização possa atuar de forma alinhada aos objetivos da sustentabilidade, ele deve ser considerado em âmbito teórico e prático. Isso poderá acontecer com a formação de redes para o desenvolvimento sustentável, como a proposta por Wheeler et al., (2005). Além disso, as propostas mais estratégicas, como a do MRS.org, traz à tona o papel fundamental das pessoas para o desenvolvimento da sustentabilidade no âmbito organizacional. Ademais, as pesquisas futuras devem examinar a aplicabilidade e a validade dos modelos apresentados em termos empíricos, no sentido de confirmá-los, aprimorá-los ou até mesmo refutá-los. O objetivo deve ser a criação de uma referência confiável e aceita pela comunidade.

Para Vos (2007), é improvável que em algum momento seja alcançada uma única definição para a questão "o que deve ser sustentado", contudo, elaborar indicadores e ferramentas de avaliação minimamente aceitáveis e consensuais por determinado grupo de empresas permitirá que os modelos consigam abranger todas as demandas da sustentabilidade, todos os seus pilares e implicações.

Da discussão sobre o desenvolvimento de instrumentos de avaliação da SO, surge o debate sobre a divulgação das informações desta decorrente. Norman e MacDonald (2003) salientam que a inexistência de parâmetros previamente definidos é responsável por inconsistências, cinismos, hipocrisias no cenário empresarial justamente por não permitir comparações. Além disso, as formas como essas informações são relatadas, muitas vezes, são inadequadas. Por exemplo, no caso de dados sociais convertidos em termos monetários, Norman e MacDonald (2003) são categóricos ao argumentar que é preciso refletir o que representa tal fundamento em uma empresa para descobrir como ele pode ser de fato expressado.

Wheeler e Elkington (2001) afirmam que as comunicações sobre a sustentabilidade das empresas exige um relacionamento de confiança entre a organização e seus *stakeholders*, bem como o entendimento do que tais relacionamentos demandarão no futuro em termos de compartilhamento de informações econômicas, ambientais e sociais. Desse modo, há um enorme potencial no desenvolvimento de relatórios de SO interativos (cibernéticos) e comunicações realizadas via internet e outros canais. A possibilidade de comunicação em tempo real e também a sensação de imediatismo e transparência proporcionada por ela talvez sejam **oportunidades** mais atraentes e viáveis para que o bom relacionamento entre organizações e *stakeholders*, uma das premissas da SO, seja construído.

Provavelmente, como apostam Wheeler e Elkington (2001), a comunicação interativa deverá alterar positivamente a frequência e o formato da provisão de informações e garantir a integridade das informações, a fim de que seja facilitada a agregação de valor para as empresas, seus mercados e seus principais *stakeholders*. Igualmente a Norman e MacDonald (2003), acredita-se que, futuramente, a divulgação de relatórios empresariais com informações sobre seu desempenho em relação à sustentabilidade será voluntária, mas geradora de grande valor para a sociedade. Todos esses desafios podem ser superados se houver consenso sobre o que deve ser entregue em cada dos pilares formadores da sustentabilidade.

As ilações acerca dos desafios e oportunidades da sustentabilidade organizacional permitem uma síntese promissora de sua melhor visualização. O Quadro 7.1 dispõe de tais informações.

QUADRO 7.1 | Desafios e oportunidades para a sustentabilidade nas organizações.

Oportunidades	Desafios
A adoção de paradigmas intermediários, entre versões de extremidade econômica e ambiental, que incluam a perspectiva dos *trade-offs*.	Necessidade de novos estudos para refinar, complementar e melhor desenvolver o conhecimento sobre os *trade-offs*, com o auxílio de novas abordagens como as que versam sobre justiça socioambiental.
Conceituação da SO de acordo com o contexto vivido parece apropriada, inicialmente em âmbito mais macro para depois serem transpostos para o nível organizacional individual.	Cautela nas construções teóricas acerca da SO – confusões e obscuridades nos conceitos que permeiam a temática.
Inserção de elementos conceituais componentes da SO: a ecoeficiência, a inserção socioeconômica e a justiça socioambiental.	Elaboração de indicadores e ferramentas de avaliação razoavelmente aceitas e consentidas por determinado grupo de empresas, e que consigam abranger todas as demandas da sustentabilidade, todos seus pilares e implicações.
Desenvolvimento de modelos com base na noção de redes empresariais (cooperação) e de competências (recursos, competências e entrega).	
Desenvolvimento de relatórios de SO interativos (cibernéticos) e comunicações realizadas via internet – transparência e agregação de valor.	Superação do fato de que dados qualitativos partem normalmente de julgamentos subjetivos e, assim, dificultam comparações e a possibilidade de inferências livres de juízos de valor.

Fonte: Elaborado pelo autor.

Fica evidente que a SO tem um longo caminho a percorrer rumo à sua eficácia, principalmente no sentido de evoluir e se consolidar como área de conhecimento da Administração. Um caminho árduo, porém desejado por diversas comunidades globais.

Outro relevante aspecto é a importância do setor privado e de seu potencial em desempenhar um papel integral no desenvolvimento sustentável. As empresas são, na sociedade atual, as maiores consumidoras de recursos naturais e as maiores geradoras de crescimento econômico, portanto, são geradoras de grandes impactos sociais, econômicos e ambientais, além de gozar de grande influência nos cenários nacional e internacional. Entre os modelos práticos elencados, destacou-se o necessário envolvimento dos grupos de interesse (*stakeholders*), a importância dos indivíduos competentes, a necessidade de vias colaborativas, o papel da estratégia organizacional e o processo decisório contemplado como um agir organizacional em permanente construção.

Pelas considerações apresentadas, entre outras conclusões possíveis, talvez a maior delas seja a grande demanda por pesquisas empíricas. Seja em relação a paradigmas e conceitos, seja em relação à aplicabilidade de modelos ou ferramentas de gestão, muito ainda deve ser feito nesse sentido. Sugere-se que as oportunidades, os benefícios e os desafios aqui elencados sejam encarados como objetivos norteadores de futuros estudos e que, principalmente, sejam orientadores de pesquisas empíricas, já que é a partir do exercício desses modelos que as teorias e definições podem ser testadas e validadas.

Por fim, o Quadro 7.2 sintetiza os benefícios observados ao longo do estudo em se investir no desenvolvimento da gestão da sustentabilidade em contexto organizacional.

Como destaque final, constata-se e reforça-se que o alinhamento da estratégia, da estrutura de gestão, dos sistemas de inovação organizacional e dos sistemas e medidas de desempenho mostra-se essencial para que as empresas sejam capazes de coordenar suas atividades e incentivar os funcionários rumo à implantação da sustentabilidade em contexto organizacional. Isso deve ser visto em um horizonte de longo prazo para que tanto os principais indicadores de desempenho e também os possíveis desvios de foco possam ser examinados.

QUADRO 7.2 | Benefícios da sustentabilidade organizacional e do desenvolvimento de competências.

Benefícios advindos da busca por uma sustentabilidade organizacional	Benefícios advindos do desenvolvimento de competências
a) redução de custos pela utilização de métodos de produção mais limpos;	a) absorção, por parte dos gestores e dirigentes, dos conceitos de competência, complexidade e entregas vinculadas à sustentabilidade;
b) menores custos relacionados à saúde dos trabalhadores e segurança nas operações de serviço;	b) uma nova visão, e até mesmo novo modelo de gestão para a direção geral das empresas e também para a área incumbida de gerenciar as pessoas;

Continua

Continuação

Benefícios advindos da busca por uma sustentabilidade organizacional	Benefícios advindos do desenvolvimento de competências
c) menores custos advindos de processos judiciais trabalhistas;	c) incorporação de conceitos, pelos líderes, para o melhor planejamento de suas carreiras e de seus liderados rumo ao desenvolvimento alinhado aos preceitos da sustentabilidade, enfim, para a gestão de seus respectivos desenvolvimentos;
d) capacidade de a organização influenciar a concorrência e a formulação de novas legislações relacionadas à sustentabilidade;	d) aprimoramento das bases comunicacionais referentes ao quê, por que e aonde chegar;
e) incremento positivo da reputação organizacional junto às comunidades com as quais se relaciona;	e) melhor compreensão dos objetivos estratégicos estabelecidos pela organização;
f) aquisição de vantagens mercadológicas por estarem de acordo com os novos anseios da sociedade;	f) maior atenção às contribuições advindas de diversos *stakeholders* inseridos na cadeia de relacionamento das empresas.
g) reconhecimento social;	g) maior capacidade de atração e retenção de talentos, estar nessas organizações passa a ser motivo de orgulho;
h) disseminação do conceito de desenvolvimento sustentável em ampla escala.	h) tudo atestado por uma gestão consistente de competência que valida os preceitos da SO.

Fonte: Elaborado pelo autor por meio das contribuições dos diversos autores pesquisados.

Referências bibliográficas

ACSELRAD, Henri. Justiça ambiental e construção social do risco. In: *Encontro da Associação Brasileira de Estudos Populacionais*, 13, Ouro Preto, 2002.

AZAPAGIC, A. Systems approach to corporate sustainability: a general management framework. *Institution of Chemical Engineers*, v. 81, p. 303-316, 2003.

_____; PERDAN, S. Indicators of sustainable development for industry: a general framework. *Trans IChemE*, v. 78, n. 4, p. 243-261, 2000.

BANERJEE, S. B. Who sustains whose development? Sustainable development and the reinvention of nature. *Organization Studies*, 24(1): 143-180, 2003.

BANSI, A. C. *Validade da sustentabilidade social enquanto uma competência organizacional.* 2013. 182 fls. Dissertação (Mestrado em Administração) – Programa de Pós-graduação em Administração, Universidade Estadual de Londrina (UEL), Londrina, 2013.

BARBIERI, J. C. Organizações inovadoras sustentáveis. In: BARBIERI, J. C; SIMANTOB, M. *Organizações inovadoras sustentáveis*: uma reflexão sobre o futuro das organizações. São Paulo: Atlas, 2007.

BARKEMEYER, Ralph; HOLT, Diane; PREUSS, Lutz; TSANG, Stephen. What happened to the "development" in sustainable development? Business Guidelines Two Decades After Brundtland. *Sustainable Developlment*, 2011.

BARONI, Margaret. Ambiguidades e deficiências do conceito de desenvolvimento sustentável. *Revista de Administração de Empresas*, São Paulo, 32 (2): 14-24, abr./jun. 1992.

BAZERMAN, M.; Hoffman, A. Sources of environmentally destructive behavior: Individual, organizational, and institutional perspectives. *Research in Organizational Behavior*, 21, 39-79, 1999.

BUJES, M. I. E. Para pensar pesquisa e inserção social. *Revista Eletrônica de Educação*, v. 2, n. 2, 2008.

BURRELL, G. Ciência normal, paradigmas, metáforas, discursos e genealogia da análise. In: CLEGG, S.R; HARDY, C.; NORD, W.R. (Orgs) *Handbook de estudos organizacionais*: modelos de análise e novas questões em estudos organizacionais. São Paulo: Atlas, 2007, p. 437-460.

CASTRO, C. J. Sustainable Development: Mainstream and Critical Perspectives. *Organization & Environment*, v. 17, n. 2, 2004, p. 195-225.

CELLA-DE-OLIVEIRA, Flávio. *Ecoeficiência*: uma competência para a construção da sustentabilidade organizacional. 2011. 174 f. Dissertação (Mestrado em Administração) – Universidade Estadual de Londrina (UEL), Londrina, 2011.

CHENG, Caroline Y.; FET, Annik M.; HOLMEN, Elsebeth. 2010. Using a hexagonal balanced scorecard to integrate corporate sustainability into strategy. *Proceedings for the 16th International Sustainable Development Research Conference*. Hong Kong, 2010.

CONSELHO EMPRESARIAL BRASILEIRO PARA O DESENVOLVIMENTO SUSTENTÁVEL – CEBDS. *Relatório de Sustentabilidade Empresarial*, 2007.

D'AMORIM, A. R. F. F. Gestão de recursos humanos em organizações sustentáveis: análise à luz do *Global Report Iniciative* e da administração renovada. Dissertação (Mestrado em Administração). Universidade Federal da Paraíba, 2009.

DIAMOND, J. M. *Collapse*: how societies choose to fail or succeed. Nova York, NY: Viking, 2005.

DIAS, B. G.; MUNCK, L.; BANSI, A. C.; CELLA-DE-OLIVEIRA, F. A. Bases compreensivas da sustentabilidade organizacional: a proposição de uma estrutura conceitual (*Framework*). *XIV SEMEAD – FEA-USP*, 2011.

DREJER, A. *Strategic management and core competencies*. USA: Quorumbooks, 2002.

DUBOIS, D.D; ROTHWELL, W.J. *Competency-based human resource management*. Califórnia: Davies-Black Publishing, Mountain View, 2004.

DUTRA, Joel Souza. *Gestão por competências*. cap. 5. São Paulo: Gente, 2001.

_____. *Competências*: conceitos e instrumentos para a gestão de pessoas na empresa moderna. São Paulo: Atlas, 2004.

DYLLICK, T.; HOCKERTS, K. Beyond the business case for corporate sustainability. *Business Strategy and the Environment*. v. 11, p. 130-141, 2002.

EGRI, C. P.; PINFIELD, L. T. As organizações e a biosfera: ecologia e meio ambiente. In: *Handbook de Estudos Organizacionais*. v. 1. Stewart R. Clegg, Cynthia

Hardy, Walter R, Nord, organizadores da edição original; Miguel Caldas, Roberto Fachin, Tânica Fischer, organizadores da edição brasileira. São Paulo: Atlas, 1998.

ELKINGTON, J. *Cannibals with forks*: the triple bottom line of 21st century business. Oxford: Capstone Publishing Limited, 1999.

EPSTEIN, Marc J. *Making sustainability work*: best practices in managing and measuring corporate social, environmental and economic impacts (business). UK: Greenleaf Publishing, 2008.

EWEJE, Gabriel. A shift in corporate practice? Facilitating sustainability strategy in companies. *Corporate Social Responsibility and Environmental Management*, 18, p. 125-136, 2011.

FARGEBERG, J. Innovation: a guide for literature. In: J. Fagerberg et al., (eds). *The Oxford Handbook of Innovation*, Oxford University Press, 2005.

FERNANDES, M. Desenvolvimento sustentável: antinomias de um conceito. In: FERNANDES, Marcionila; GUERRA, Lemuel (orgs.). *Contra discurso do desenvolvimento sustentável*. Belém: Associação de Universidades Amazônicas, 2003.

FLEURY, A.; FLEURY, M. T. L. *Estratégias empresariais e formação de competências*: um quebra-cabeça caleidoscópico da indústria brasileira. 3. ed. São Paulo: Atlas, 2008.

FREILING, J.; GERSCH, M.; GOEKE, C. On the path towards a competence--based theory of the firm. *Organization Studies*, v. 29, n. 8, p. 1143-1164, 2008.

GALBRAITH, J. R.; KAZANJIAN, R. K. *Strategy implementation*: structure, systems and process. St. Paul: West Publisher, 1986.

GALLELI, B. *A análise da validade da sustentabilidade ambiental enquanto uma competência organizacional*. 2013. 226 fls. Dissertação (Mestrado em Administração) – Programa de Pós-graduação em Administração, Universidade Estadual de Londrina (UEL), Londrina, 2013.

GIL LAFUENTE, Anna M.; PAULA, Luciano B. La gestion de los grupos de interes: una reflexion sobre los desafios a los que se enfrentan las empresas en la busqueda de la sostenibilidad empresarial. *Revista de Metodos Cuantitativos para la Economia y la Empresa*, n. 11, p. 71-90, 2011.

GLADWIN, T. N.; KENNELLY, J. J.; KRAUSE, T.S. Shifting paradigms for sustainable development: implications for management theory and research. *Academy of Management*, v. 20, n. 4, p. 874-907, 1995.

GRI, Global Reporting Initiative. *Diretrizes para o relatório de sustentabilidade*. São Paulo, 2006.

HAHN, Tobias; FIGGE, Frank; PINKSE, Jonatan; PREUSS, Lutz. Trade-offs in corporate sustainability: you can't have your cake and eat it. *Business Strategy and the Environment*, 19, p. 217-229, 2010.

_____; SCHEERMESSER, Mandy. Approaches to corporate sustainability among german companies. Corporate Social Responsability and Environmental Management. Berlim, *Wiley InterScience*, 2005.

HOFF, D. N. A construção do desenvolvimento sustentável através das relações entre as organizações e seus *stakeholders*: a proposição de uma estrutura analítica. *Tese* (Doutorado em Agronegócios) Universidade Federal do Rio Grande do Sul, 2008.

_____; BARIN-CRUZ, L.; PEDROZO, E. A. Organizações e sociedade: dinâmicas recíprocas orientando o percurso rumo ao desenvolvimento sustentável. *Revista Inovação, Gestão e Produção (INGEPRO)*. Rio Grande do Sul, v. 1, n. 4, p. 160-176, 2009.

HUPPES, G.; ISHIKAWA, M. A framework for quantifies eco-efficiency analysis. *Journal of Industrial Ecology*, v. 9, n. 4, p. 25-41, 2005.

JABAREEN, Y. Building a conceptual framework: philosophy, definitions, and procedure. *International Journal of Qualitative Methods*, v. 8, n. 4, p. 49-62, 2009.

JACOBI, P. Educar para a sustentabilidade: complexidade, reflexividade, desafios. Educação e Pesquisa. *FEUSP*, v. 31, n. 2, 2005.

JAMALI, D. Insights into the triple bottom line integration from a learning organization perspective. *Business Process Management Journal*, v. 12, n. 6, p. 809-821, 2006.

JAQUES, E.; CASON, K. *Human capability*. Falls Church, VA: Cason Hall & Co., 1994.

JIMÉNEZ HERRERO, L. M. *Desarrollo sostenible*: transición hacia la coevolución global. Madrid: Pirámide Ediciones, 2000.

KAPLAN, R. S.; Norton, D. P. Using the balanced scorecard as a strategic management system. *Harvard Business Review*, jan./feb.,1996.

_____. *Organização orientada para a estratégia*: como as empresas que adotam o Balanced Scorecard prosperam no novo ambiente de negócios. 2. ed. Rio de Janeiro: Campus, 2000.

KAPTEIN, M.; WEMPE, J. *The balanced company*: a theory of corporate integrity. Oxford: Oxford University Press, 2002.

KETOLA, Tarja. Pre-Morphean paradigm – an alternative to modern and post-modern paradigms of corporate sustainability. *Sustainable Development*, v. 17, p. 114-126, 2009.

LAMBOOY, J. Innovation and knowledge: theory and regional policy. *European Planning Studies*. v. 13, n. 8, p. 1137-1152, 2005.

LAVILLE, É. *A empresa verde*. São Paulo: ÕTE, 2009.

LEITE E FILHO, G. A.; PRATES, L. A.; GUIMARÃES, T. N. Níveis de evidenciação dos relatórios de sustentabilidade das empresas brasileiras a+ do global reporting initiative (GRI) no ano de 2007. In: *Associação Nacional de Pós-graduação e Pesquisa em Administração*, 33, 2009, São Paulo: Anais Eletrônicos; Rio de Janeiro: ANPAD, 2009.

LÉLÉ, S. M. Sustainable development: a critical review. *World Development*, v. 19, n. 6, p. 607-621, 1991.

LEMME, C. F. O valor gerado pela sustentabilidade corporativa. In: LINS, L.; ZYLBERSZTAJN, D. *Sustentabilidade e geração de valor*: a transição para o século XXI. Rio de Janeiro: Elsevier, 2010.

LIMA, G. C., O discurso da sustentabilidade e suas implicações para a educação. *Ambiente & Sociedade*, v. VI, n. 2, jul./dez. 2003, p. 99-119.

MAGGI, B. *Do agir organizacional*: um ponto de vista sobre o trabalho, o bem-estar, a aprendizagem. São Paulo: Edgard Blücher, 2006.

McDONOUGH, W.; BRAUNGART, M. Design for the triple bottom line: new tools for sustainable commerce. *Corporate Environmental Strategy*, v. 9, n. 3, p. 251-258, 2002.

MEADOWS, D. H.; MEADOWS, D. L.; RANDERS, J. *Beyond the limits*: confronting global collapse, envisioning a sustainable future. Vermont: Chelsea Green Publishing, 1992.

MEPPEM, Tony; GILL, Roderic. Planning for sustainability as a learning concept. *Ecological Economics*, v. 26, p. 121-137, 1998.

MILLS, J.; PLATTS, K.; BOURNE, M.; RICHARDS, H. *Competing though competences*. Cambridge: Cambrigdge University Press, 2002.

MOLTENI, Mario; PEDRINI, Matteo. In search of socio-economic syntheses. *Journal of Management Development*, v. 29, n. 7/8, p. 626-636, 2010.

MOREIRA, I. C. A inclusão social e a popularização da ciência e tecnologia no Brasil. *Inclusão Social*, v. 1, n. 2, 2006.

MUNCK, L.; BORIM-DE-SOUZA, R. B. Gestão por competências e sustentabilidade empresarial: em busca de um quadro de análise. *Gestão e Sociedade*, v. 3, n. 6, 2009, p. 254-287.

_____; SILVA, A. L. Estudos Organizacionais e Desenvolvimento Sustentável: em busca de uma coerência teórica e conceitual. In: VI Encontro Nacional de Estudos Organizacionais da ANPAD. *Anais...* VI EnEO, Florianópolis, 2010.

_____; MUNCK, M. G. M.; BORIM-DE-SOUZA, R. Sustentabilidade organizacional: a proposição de uma *framework* representativa do agir competente para seu acontecimento. *Gerais: Revista Interinstitucional de Psicologia*, v. 4, n. 2, ed. Especial, p. 147-158, 2011.

_____; GALLELI, B.; BANSI, A. C. Modelos para a gestão da sustentabilidade nas organizações: avanços e fragilidades. In: *XV SEMEAD*, São Paulo, 2012.

NORMAN, Wayne; MACDONALD, Chris. Getting to the Bottom of "Triple Bottom Line". *Business Ethics Quarterly*, mar. 2003.

NUSDEO, A. M. O. *Defesa da concorrência e globalização econômica*: o controle da concentração de empresas. São Paulo: Malheiros, 2002.

O'CONNOR, M. The four spheres framework for sustainability. *Ecological Complexity*, v. 3, p. 285-192, 2006.

OSÓRIO, L. A. R.; LOBATO, M. O.; CASTILLO, X. A. Debates on sustainable development: towards a holistic view of reality. *Environment, Development and Sustainability*, v. 7, p. 501-518, 2005.

PASSET, R. *L'economique et le vivant*. Paris: Economica, 1996.

PERROW, C. *Complex organigations*. 3. ed. New York: Random House, 1986.

PIOTTO, Z. C. Ecoeficiência na indústria de celulose e papel: estudo de caso. *Tese* (Doutorado em Engenharia) – Escola Politécnica – Engenha Sanitária e Hidráulica – USP. Universidade de São Paulo, 2003.

RANSBURG B.; VÁGÁSI M. Concepts and standards for the corporate internalization of sustainable development. *Periodic Polytechinica Social Management Sciences*, v. 15, n. 2, 2007, p. 43-51.

REDCLIF, Michael R. Sustainable development (1987-2005) – an oxymoron comes of age. *Horizontes Antropológicos*, Porto Alegre, v. 12, n. 25, p. 65-84, jan./jun. 2006.

RUAS, R. Gestão por competências: uma contribuição à estratégia das organizações. In: RUAS, R.; ANTONELLO, C. S.; BOFF, L. H. *Aprendizagem organizacional e competências*: os novos horizontes da gestão. Porto Alegre: Bookman, 2005.

SACHS, Ignacy. *Caminhos para o desenvolvimento sustentável*. Rio de Janeiro: Garamond, 2000.

SIENA, O. Método para avaliar desenvolvimento sustentável: técnicas para escolha e ponderação de aspectos e dimensões. *Produção*, v. 18, n. 2, 2008.

SMITH, R. Harnessing competencies, capabilities and resources. *Technology Management*, v. 51, n. 5, p. 47-53, 2008.

SOUZA, R. B. *O alinhamento entre sustentabilidade e competências em contexto organizacional*. 2010. 199f. Dissertação (Mestrado em administração) – Programa de Pós-Graduação em Administração, Universidade Estadual de Maringá (UEM) / Universidade Estadual de Londrina (UEL), Londrina: 2010.

STUBBS, Wendy; COCKLIN, Chris. Conceptualizing a "sustainability business model". *Organization & Environment*, v. 21, n. 2, p. 103-127, 2008.

TANGUY, L. Competências e integração social na empresa. In: ROPÉ, F; TANGUY, L. *Saberes e competências*. São Paulo: Papirus, 1997, p. 167-197.

TEECE, D. J.; PISANO, G.; SHUEN, A. *Nature & dynamics of organizational capabilities*. Oxford: Oxford University Press, 2001.

THOMPSON, J. O. *Organizations in action*. New York: McGraw-Hill, 1967.

VAN BELLEN, H. M. Indicadores de sustentabilidade – um levantamento dos principais sistemas de avaliação. *Cadernos EBAPE.BR*, v. 2, n. 1, 2004.

VAN KLEFF, J. A. G; ROOME, N. J., Developing capabilities and competence for sustainable business management as innovation: a research agenda. *Journal of Cleaner Production*, n. 15, p. 38 a 51, 2007.

VAN MARREWIJK, Marcel. Concepts and Definitions of CSR and Corporate Sustainability: Between Agency and Communion. *Journal of Business Ethics*, v. 44, n. 2-3, p. 95-105, 2003.

_____; WERRE, Marco. Multiple levels of corporate sustainability. *Journal of Business Ethics*, v. 44, n. 2-3, p. 107-119, 2003.

VANSTRAELEN, A.; ZAZERSKI, M. T.; ROBB, S. W. G. Corporate nonfinancial disclosure practices and financial analyst forecast ability across three European countries. *Journal of International Financial Management and Accounting*, v. 14, p. 249-278, oct. 2003.

VEIGA, Marcelo Motta. Agrotóxicos: eficiência econômica e injustiça socioambiental. *Ciência & Saúde Coletiva*, v. 12, n. 1, p. 145-152, 2007.

VINODH, S. Assessment of sustainability using multi-grade fuzzy approach. *Clean Techn Environ Policy*, 13, p. 509–515, 2011.

VOS, Robert O. Defining sustainability: a conceptual orientation. *Journal of Chemical Technology and Biotechnology*, v. 82, issue 4, p. 334-339, abr. 2007.

WHEELER, David; McKAGUE, Kevin; THOMSON, Jane; DAVIES, Rachel; MEDALYE, Jacqueline; PRADA, Marina. Creating sustainable local enterprise networks. *MIT – Sloam Management Review*, v. 7, n. 41, 2005.

_____; ELKINGTON, John. The end of the corporate environmental report? Or the advent of cybernetic sustainability reporting and communication. *Business Strategy and the Environment*, v. 10, n.1, jan./feb., 2001.

YOUNG,William; TILLEY, Fiona. Can businesses move beyond efficiency? The shift toward effectiveness and equity in the corporate sustainability debate business. *Business Strategy and the Environment*, v. 15, p. 402-415, 2006.

ZARIFIAN, P. *O modelo da competência*. São Paulo: Senac, 2003.

ANEXO

Categorias para definições de competências para medição da sustentabilidade organizacional

CATEGORIAS	Vermelho	Azul	Laranja	Verde	Amarelo	Turquesa
Descrição do ambiente	Desafios ilimitados sobre os limites do território	Legitimação, segurança para o futuro	Prosperidade e progresso	*Gap* entre as pessoas	Problemas complexos que não podem ser resolvidos no âmbito dos sistemas atuais	Consequências das ações humanas ameaçam a vida no planeta
Valores	Coragem	Clareza	Resultados	Consenso	Aprendizagem	Inspiração
Formas de expressão dentro da organização	Forte, energético, egocêntrico, impulsivo e descontrolado	Regras, preocupação com foco	Sucesso orientado para resultados, meios servem ao fim	Tolerância	Autodesenvolvimento, organização flexível, liderança forte	Pensamento global, cuidados com os recursos naturais e humanos
CS – nível de ambição	Não há ambições para CS	Proporcionar bem-estar para a sociedade	Integração dos aspectos sociais, éticos e ecológicos	Equilibrar as preocupações econômicas, sociais e ecológicas	Criação de valor – econômica, social e ecologicamente	CS incorporado em todos os aspectos da organização
Direção interna, motivação para CS	CS poderia aumentar poder pessoal	CS percebido como um comportamento correto	CS pensado como contribuição na aferição de lucro	Todos devem ter cuidados sociais e ambientais	Todos são importantes, *stakeholders* e manejo social ambiental e de sustentabilidade	Sustentabilidade em escala mundial como única alternativa

Continua

Continuação

CATEGORIAS	Vermelho	Azul	Laranja	Verde	Amarelo	Turquesa
Drivers externos por trás da CS	Força externa	Regulamentação do governo	Rentabilidade melhora CS	Pedidos dos interessados para cuidados sociais	Informações sobre as consequências das ações organizacionais	
Papel preferido do governo	Implementações tradicionais	Clareza na legislação, tarefas e responsabilidade	Criar e manter condições de concorrência equitativas	Suporte a políticas sobre pobreza, ambientes, equidade, ética; discussão participativa	Estimular o desenvolvimento de conhecimentos para implantar o CS	Realização de questões sociais
Relação – organização, *stakeholders* e sociedade	Desconfiança do poder de agir; insustentabilidade	Responsabilidade do estado nas questões sociais	Acionistas em primeiro lugar	Dialogo entre os três pilares	Relevância dos interesses dos *stakeholders*	
Lucro (acionistas e relação com os investidores)	Os acionistas são importantes quando são poderosos, e os investidores não devem interferir	Acionistas têm que estar satisfeitos; a relação com os investidores está em consonância com os regulamentos	Maximização de valor para o acionista; gestão proativa na relação com os investidores	Equilíbrio entre acionistas e *stakeholders*; relação justa para os proprietários das ações	Preço justo para os proprietários das ações	
Planeta – gestão ambiental	Exploração em curto prazo	Cumprir orientações; melhorias simples	Medidas ambientais devem melhorar rentabilidade	Ecoeficiente	Visão sistêmica; minimizar impactos	Busca zerar o impacto

Continua

ANEXO

Continuação

CATEGORIAS	Vermelho	Azul	Laranja	Verde	Amarelo	Turquesa
Pessoas – local de trabalho, segurança e saúde, diversidade, ética e globalização, consumidores e fornecedores	Autocrático, risco de exploração dos trabalhadores considerados consumidores como vítimas, e os fornecedores considerados como jogadores	Autoritário, anda em conformidade com os regulamentos; força de trabalho é homogênea, segue o código e ética como maneira correta de lidar, oferta é orientada e prefere fornecedores leais e em menor número	Manipulação; melhora a motivação para diminuir a rotatividade; *marketing* usado para empurrar; subcontratação de fornecedores baseada em custo rigoroso	Participativa; aumenta o bem-estar pessoal; sistema de gestão de segurança e saúde; atua no exterior; descobre o ser humano atrás do consumidor; controla os processos de compra	Motivacional, alinha o individual e o coletivo; aplicação de melhorias técnicas; orientação para o cliente; controle de qualidade sistêmica	Políticas proativas para gerar um mundo melhor; integração de produção para sistemas de consumo.

Fonte: Traduzido de van Marrewijk e Werre (2003).

Trilha

As ferramentas de aprendizagem utilizadas até alguns anos atrás já não atraem os alunos de hoje, que dominam novas tecnologias, mas dispõem de pouco tempo para o estudo. Na realidade, muitos buscam uma nova abordagem. A Trilha está abrindo caminho para uma nova estratégia de aprendizagem e tudo teve início com alguns professores e alunos. Determinados a nos conectar verdadeiramente com os alunos, conduzimos pesquisas e entrevistas. Conversamos com eles para descobrir como aprendem, quando e onde estudam, e por quê. Conversamos, em seguida, com professores para obter suas opiniões. A resposta a essa solução inovadora de ensino e aprendizagem tem sido excelente.

Trilha é uma solução de ensino e aprendizagem diferente de todas as demais!

Os alunos pediram, nós atendemos!

Plataforma de acesso e conteúdo em português!
Acesse: http://cursosonline.cengage.com.br